どんなに頑張っても、
頑張り続けても
思うようにいかない。
それどころか次々に難題や
苦労が押し寄せてくる。
不安で押しつぶされそう。
なぜ？　どうして？
自分の頑張りが
足りないに違いない。
自分を責めて辛い日々を
送っているあなた。
それは「ゆうれい」の仕業《しわざ》なのです！

ゆうれい占い もくじ

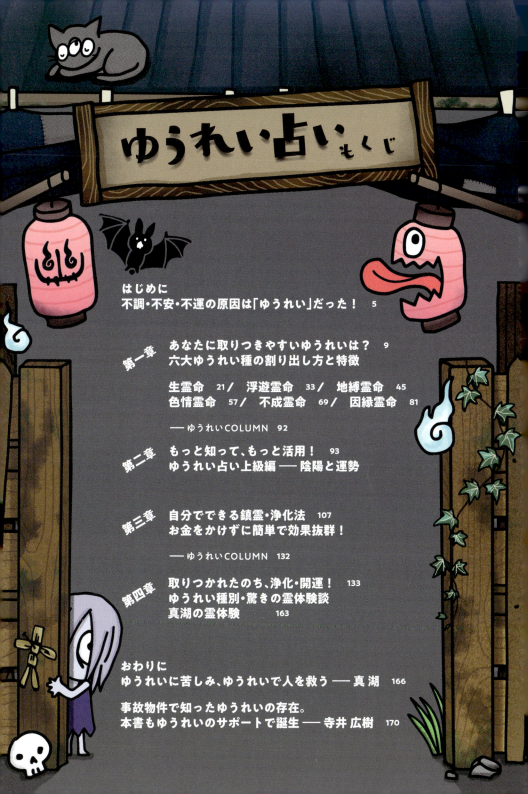

はじめに
不調・不安・不運の原因は「ゆうれい」だった！

「ゆうれい」と聞くと、あなたはきっと、怪談に出てくる「お化け」を思い浮かべるでしょう。

人を怖がらせ、取りつくゆうれい。

でも、ゆうれいの意味は、本当はもっと広くて深いのです。

ゆうれいは漢字で書くと「幽霊」。「幽」という字は、「暗くひっそりしたところ」、「閉じ込めた状態」を意味します。「霊」は「霊魂《れいこん》」と同じで、私たち自身にも宿っている根源的なエネルギーのこと。

ですから、もともとゆうれいとは、「閉じ込められて行き場のない暗いエネルギー」を指しています。

そんなエネルギー体としてのゆうれいが、この世界には無数に漂《ただよ》っています。そして、ゆうれいのエネルギーと、あなたのエネルギーの波動が、ふとした拍子《ひょうし》にシンクロしたとき、あなたはゆうれいのエネルギーを受け取ってしまいます。

これが「ゆうれいに取りつかれる」ということ。じつは特別な現象ではなく、日常的に誰もが経験していることです。

見えないゆうれいと、現世で生きる人との間にどんなつながりがあるのか。そのつながりが、人の人生や生活にどんな影響を与えているのか。悪影響が与えられたとき、人はどんな方法で救われるのか。

長年、占いを行うなかで、私はこれらを学んできました。数年前からは、本書の共著者である怪談蒐集家《しゅうしゅうか》の寺井広樹氏と共同で研究してきました。

そして、ついにわかったのです。人は生まれながらにして、ゆうれいとのつながりに一定の傾向をもつことが。この傾向を知って、適切に対処することこそ、真の開運につながることもわかりました。

すべての人は、知らず知らずにゆうれいとシンクロして、「不調・不安・不運」を招いています。一見、完璧な幸福に包まれているように見える人にも、ふとした心の隙間に入り込んだゆうれいのエネルギーが、陰を落としていることが少なくありません。

そこで、寺井氏との共同研究によって、このゆうれいとのつながりの傾向を突きとめ、わかりやすく体系立てたのが、本書で紹介する「ゆうれい占い」です。

本書では、人に取りつくゆうれいを「六大ゆうれい種」に分類しました。そして、それぞれが取りつきやすい人について、基本的な性格や運勢と、ゆうれいに取りつかれたとき、その性格や運勢がどうゆがめられるかをお話しします。

ゆうれいに取りつかれて、もともとの性格や運勢がゆがめられると、霊障《れいしょう》（霊的トラブル）が起こります。そのとき、身を守るための護身《ごしん》アイテムや、霊を鎮《しず》める「鎮霊《ちんれい》法」、自分でできる「お祓《はら》い・お浄《きよ》め」の方法などを紹介します。

「お祓い・お浄め」というと、高額な費用で専門家にお願いするイメージをもつ人も多いでしょう。でも、本書で紹介するのは、お金をかけずに誰でも簡単にできる方法です。

霊を鎮めることや、お祓い・お浄めは、本当はお金や大きな手間をかけなくても、日常生活でのちょっとした心がけで、誰にでもできることなのです。

その効果は絶大で、取りついたゆうれい、つまり低級霊から自分の身を守るだけでなく、その霊を、あなたを守り、幸せにする高級霊に進化させることもできます。

世界初、あなたの魂に語りかける「ゆうれい占いとそれによる開運法」を、ぜひ本書で体験してください。

タロット占術師　真《ま》湖《こ》

第一章
あなたに取りつきやすいゆうれいは？
六大ゆうれい種の割り出し方と特徴

あなたの人生と生活に霊的影響を及ぼす「六大ゆうれい種」

「あなたにはゆうれいが取りついている」といわれると、多くの人は恐怖に襲われるでしょう。しかし、じつは、私たちには、日常的にゆうれいがついたり離れたりしています。もちろん、長く取りつかれている場合もあり、そういうときは不調や不運が長引いたりします。いずれにしても、「取りつかれたらもうおしまい。一生たたられる」というものではなく、自分でその霊を鎮めたり（ゆうれい占いではこれを「鎮霊」と表現します）、その影響を断ち切ったりできると知っておいてください。

そのためには、**自分にゆうれいが取りついていることを察知するのが第一歩**になります。

じつは、**私たちに取りつきやすいゆうれいのタイプは、生まれつき決まっています。**そして、取りつきやすいゆうれいのタイプと、それによって起こりやすい霊的トラブル（霊障）の傾向を知っておくと、とくに霊感の強くない人でも、察知しやすくなります。だからこそ、ゆうれい占いが役立つのです。

さて、ここで、「『ゆうれいのタイプ』ってどういうこと？」と思った人もいるでしょう。じつは、この世の空間に存在する霊にも、「霊格」と言われる差があり、大きく高級霊と低級霊の二つに分かれます。高級霊と低級霊の差はとても大きく、人間に取りつくのは、ほとんどが低級霊です。この低級霊と、一般的にいう「ゆうれい」は、ほとんど同じ意味になります。

高級霊は守護霊、指導霊などと呼ばれ、人間を幸せへと守り導いてくれる、とてもありがたい背後霊です。

本書では、低級霊、すなわちゆうれいを、さらに六種に分けています。

本書でいう「ゆうれいのタイプ」とはこの分類のことで、「六大ゆうれい種」と呼びます。

生霊命（いきりょうめい）

生きている人間が、誰かに対する憎《にく》しみ、妬《ねた》み、あるいは好意などの極度な執着心《しゅうちゃくしん》をもったときに生まれるゆうれい。その相手に異常に執着して害を与えます。

浮遊霊命（ふゆうれいめい）

死んだことに気づかず、さまよい続けながら人間にとりつくゆうれい。

地縛霊命（じばくれいめい）

その地に、深い執着や強い怨《うら》みを持ちながら亡くなったゆうれい。その地から動くことができません。ただし、人がその地に行かなくても、映像などを見るだけで取りつくこともあります。

色情霊命（しきじょうれいめい）
色恋沙汰《いろこいざた》で思いを残しているゆうれい。
カップルとその周りにつきやすい傾向があります。

不成霊命（ふじょうれいめい）
この世に未練・悔《く》いを残したまま亡くなり、成仏できずに人間にとりつくゆうれい。

因縁霊命（いんねんれいめい）
家系や一族につき続けるゆうれい。
その原因はさまざまな怨み、憎しみ、悲しみ、未練など。

ゆうれい種についている**「命」**という文字には、「告げる・知らせる」「大切なもの」という意味があります。そこで、**「ゆうれいは人に何かを知らせるためにつく」という意味**とともに、じつは**私たちにとって大切なものであるという意味**を込めて、各ゆうれい種を指す言葉として用いています。

すぐわかる！　六大ゆうれい種の割り出し方

これらのうち、どのゆうれい種が取りつきやすいかは、「生まれつき決まっている」といいました。自分がどのゆうれい種とシンクロしやすく、取りつかれやすいのか。それを知っておくことは、災《わざわ》いを避《さ》けて自分らしいハッピーな人生を送るためにとても大切です。

そこで、その割り出し方をご紹介しましょう。

あなたの「基本霊数《れいすう》」は？

16、17、174ページの「基本霊数表」を見てください。あなたの**生まれた年**と**生まれた月**の交わるところに書いてある数字が、あなたの「基本霊数」です。

あなたの「ゆうれい数」は？

あなたの基本霊数に生まれた日を足します。
出た数字が60以下の場合は、それがあなたの「ゆうれい数」です。

【例】

2001年（平成13年）1月1日生まれの場合

基本霊数は0、生まれた日の1を足してゆうれい数は1。

0＋1＝1

出た数字が61以上の場合、60を引いてください。

出た数字があなたのゆうれい数です。

【例】

2000年（平成12年）1月20日生まれの場合

基本霊数は54、生まれた日の20を足して74。

60を超えたので、60を引いてゆうれい数は14。

54＋20＝74　74－60＝14

【基本霊数表 1】2025年生まれ ～ 1992(H4)年

西暦(年号)Year ＼ 月 Month	1 Jan	2 Feb	3 Mar	4 Apr	5 May	6 Jun	7 Jul	8 Aug	9 Sep	10 Oct	11 Nov	12 Dec
2025年	6	37	5	36	6	37	7	38	9	39	10	40
2024年＊	0	31	0	31	1	32	2	33	4	34	5	35
2023年	55	26	54	25	55	26	56	27	58	28	59	29
2022年	50	21	49	20	50	21	51	22	53	23	54	24
2021年	45	16	44	15	45	16	46	17	48	18	49	19
2020年＊	39	10	39	10	40	11	41	12	43	13	44	14
2019年	34	5	33	4	34	5	35	6	37	7	38	8
2018 (H30)年	29	0	28	59	29	0	30	1	32	2	33	3
2017 (H29)年	24	55	23	54	24	55	25	56	27	57	28	58
2016 (H28)年＊	18	49	18	49	19	50	20	51	22	52	23	53
2015 (H27)年	13	44	12	43	13	44	14	45	16	46	17	47
2014 (H26)年	8	39	7	38	8	39	9	40	11	41	12	42
2013 (H25)年	3	34	2	33	3	34	4	35	6	36	7	37
2012 (H24)年＊	57	28	57	28	58	29	59	30	1	31	2	32
2011 (H23)年	52	23	51	22	52	23	53	24	55	25	56	26
2010 (H22)年	47	18	46	17	47	18	48	19	50	20	51	21
2009 (H21)年	42	13	41	12	42	13	43	14	45	15	46	16
2008 (H20)年＊	36	7	36	7	37	8	38	9	40	10	41	11
2007 (H19)年	31	2	30	1	31	2	32	3	34	4	35	5
2006 (H18)年	26	57	25	56	26	57	27	58	29	59	30	0
2005 (H17)年	21	52	20	51	21	52	22	53	24	54	25	55
2004 (H16)年＊	15	46	15	46	16	47	17	48	19	49	20	50
2003 (H15)年	10	41	9	40	10	41	11	42	13	43	14	44
2002 (H14)年	5	36	4	35	5	36	6	37	8	38	9	39
2001 (H13)年	0	31	59	30	0	31	1	32	3	33	4	34
2000 (H12)年＊	54	25	54	25	55	26	56	27	58	28	59	29
1999 (H11)年	49	20	48	19	49	20	50	21	52	22	53	23
1998 (H10)年	44	15	43	14	44	15	45	16	47	17	48	18
1997 (H9)年	39	10	38	9	39	10	40	11	42	12	43	13
1996 (H8)年＊	33	4	33	4	34	5	35	6	37	7	38	8
1995 (H7)年	28	59	27	58	28	59	29	0	31	1	32	2
1994 (H6)年	23	54	22	53	23	54	24	55	26	56	27	57
1993 (H5)年	18	49	17	48	18	49	19	50	21	51	22	52
1992 (H4)年＊	12	43	12	43	13	44	14	45	16	46	17	47

【基本霊数】は80年周期です。2026年以降は
1946年～と同じ霊数になります

＊＝うるう年

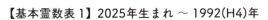

【基本霊数表 2】1991(H3)年 ～ 1958(S33)年生まれ

月 Month / 西暦(年号)Year	1 Jan	2 Feb	3 Mar	4 Apr	5 May	6 Jun	7 Jul	8 Aug	9 Sep	10 Oct	11 Nov	12 Dec
1991 (H3)年	7	38	6	37	7	38	8	39	10	40	11	41
1990 (H2)年	2	33	1	32	2	33	3	34	5	35	6	36
1989 (H1)年	57	28	56	27	57	28	58	29	0	30	1	31
1988 (S63)年＊	51	22	51	22	52	23	53	24	55	25	56	26
1987 (S62)年	46	17	45	16	46	17	47	18	49	19	50	20
1986 (S61)年	41	12	40	11	41	12	42	13	44	14	45	15
1985 (S60)年	36	7	35	6	36	7	37	8	39	9	40	10
1984 (S59)年＊	30	1	30	1	31	2	32	3	34	4	35	5
1983 (S58)年	25	56	24	55	25	56	26	57	28	58	29	59
1982 (S57)年	20	51	19	50	20	51	21	52	23	53	24	54
1981 (S56)年	15	46	14	45	15	46	16	47	18	48	19	49
1980 (S55)年＊	9	40	9	40	10	41	11	42	13	43	14	44
1979 (S54)年	4	35	3	34	4	35	5	36	7	37	8	38
1978 (S53)年	59	30	58	29	59	30	0	31	2	32	3	33
1977 (S52)年	54	25	53	24	54	25	55	26	57	27	58	28
1976 (S51)年＊	48	19	48	19	49	20	50	21	52	22	53	23
1975 (S50)年	43	14	42	13	43	14	44	15	46	16	47	17
1974 (S49)年	38	9	37	8	38	9	39	10	41	11	42	12
1973 (S48)年	33	4	32	3	33	4	34	5	36	6	37	7
1972 (S47)年＊	27	58	27	58	28	59	29	0	31	1	32	2
1971 (S46)年	22	53	21	52	22	53	23	54	25	55	26	56
1970 (S45)年	17	48	16	47	17	48	18	49	20	50	21	51
1969 (S44)年	12	43	11	42	12	43	13	44	15	45	16	46
1968 (S43)年＊	6	37	6	37	7	38	8	39	10	40	11	41
1967 (S42)年	1	32	0	31	1	32	2	33	4	34	5	35
1966 (S41)年	56	27	55	26	56	27	57	28	59	29	0	30
1965 (S40)年	51	22	50	21	51	22	52	23	54	24	55	25
1964 (S39)年＊	45	16	45	16	46	17	47	18	49	19	50	20
1963 (S38)年	40	11	39	10	40	11	41	12	43	13	44	14
1962 (S37)年	35	6	34	5	35	6	36	7	38	8	39	9
1961 (S36)年	30	1	29	0	30	1	31	2	33	3	34	4
1960 (S35)年＊	24	55	24	55	25	56	26	57	28	58	29	59
1959 (S34)年	19	50	18	49	19	50	20	51	22	52	23	53
1958 (S33)年	14	45	13	44	14	45	15	46	17	47	18	48

1958(S33)年以前はP174【基本霊数表3】へ

＊＝うるう年

ゆうれい種表

あなたの「ゆうれい種」は？

左のゆうれい種表で、あなたのゆうれい数に当てはまるのが、**あなたの「ゆうれい種」です！**

つまり、あなたに取りつきやすいゆうれい種であり、**開運のカギを握るゆうれい種**でもあります。

生霊命

ゆうれい数 1～10

21p へ GO!

浮遊霊命

ゆうれい数 11～20

33p へ GO!

地縛霊命

ゆうれい数 21～30

45p へ GO!

色情霊命

ゆうれい数 31～40

57p へ GO!

不成霊命

ゆうれい数 41～50

69p へ GO!

因縁霊命

ゆうれい数 51～60

81p へ GO!

無料

スマホdeかんたん算出《ゆうれい》

カメラ機能もしくはQRコード読み取り専用アプリで

STEP 1 お手持ちのスマートフォンを
QRコードにかざします

STEP 2 生年月日を入力

STEP 3 自動的にあなたの
ゆうれい種がわかります

スマートフォンサイト

ゆうれい占い

URL http://www.810.co.jp/yurei/

占い結果もかんたんシェア！

六大ゆうれい種別・あなたの特徴と開運のカギ

あなたのゆうれい種がわかったところで、生まれ持っているあなたの性格の特徴と仕事や恋愛の運勢、男女別のモテポイント、さらにゆうれいがつくことで起こりやすいトラブルの傾向、霊から身を守って開運を引き寄せる男女別の「護身アイテム」をご紹介しましょう。

以下、ゆうれい種別に解説していきます。

かぎカッコ付きで示す「ゆうれい種」は、「生まれつき、そのゆうれい種がつきやすい人」という意味です（「生霊命」＝生霊命が取りつきやすい人）。

あなた自身のゆうれい種はもちろんのこと、家族や身近な人のゆうれい種も見て、ぜひ、お付き合いやアドバイスの参考にしてくださいね。

生霊命
内面の完璧さを求める
新ジャンルのカリスマ
独立独歩の道を切り開く
人の話を聞かず人間関係が崩壊

「生霊命」の性格
独立独歩の道を切り開く

表面的には穏やかに見えるあなたですが、内面はとても複雑です。神経が細やかなこともあり、どちらかというと人付き合いは苦手。一人のほうが楽だと感じることが多いでしょう。周りから浮いた存在になりやすく、変わり者とみられることも。

そんな具合で周囲の人からは理解されにくいのですが、異性・同性を問わず、あなたの不思議な魅力にひきつけられる人もまた多いのです。

「生霊命」の人は独立独歩《どくりつどっぽ》の気風で、何でも一人で処理するところがあるものの、じつは深い部分での精神的な支えを必要とします。少人数でよいので、真の理解者に恵まれて、実力を発揮できるのがベストです。

けれども、生霊命につかれると人間関係がギクシャクして、どうしてもうまく行かず、泥沼状態に陥《おちい》ることがあります。

自分の言いたいことと、意図がねじ曲がって伝わり、誤解が誤解を生んで収拾がつかなくなることがあるのです。そんなときは、生霊命の仕業を疑ってみる必要があるでしょう。

「生霊命」の仕事運
新ジャンルのカリスマ

自分が「これだ!」と思うものを、焦らず、じっくりと納得いくまで練り上げてから行動するタイプ。やるからには、とことん完璧でないと気がすまないところもあります。ですから、組織の歯車のような仕事を続けるのは難しい人です。

明確な目的が設定されているか、いないかによって、人生が天と地ほども変わってしまいます。決まったところに安住するのではなく、絶えず自分の設定した目的をめざしてこそ、自分らしさを保つことができます。

組織の中にいても、そのカラーに染まることなく、独自の道を追求します。そして輝き続けます。若いころは思い通りに行かないことも多いかもしれませんが、年月とともに、メンタルが鍛《きた》えられると、思い通りに行くことがふえていきます。メンタルの強化が成功のカギでもあります。

職種としては、頭脳を生かす仕事が向いています。独特の感性をもっているので、音楽、芸術面、スポーツ界でも才能が発揮できます。ただし、成功の陰には真の理解者が必要。生霊命に取りつかれると、理解者に恵まれずに、一人で悶々《もんもん》と悩むことになりやすいので要注意です。

「生霊命」の恋愛運
内面の完璧さを求める

何かと完璧を目指す「生霊命」は、恋愛面でもつい完璧さを求めてしまいます。それは、外面ではなく内面の完璧さです。内面重視のため、恋愛のアプローチにも慎重になり、頭で考えすぎて先を越されてしまうことも。

女性は、外見の華やかさとは逆に、内面は古風で一途《いちず》。若いころは、とくに理解されにくく、恋愛も思うようにいかないことが多いものです。ただ、年齢とともに恋愛運も上がっていくので、若い時期から焦って相手を探すのはあまりいい方法とはいえません。

とはいえ、あまりにも相手に思いが伝わらず、空回りし続けるときは、生霊命が取りついていると考えられます。「護身アイテム」などを使ってみるとよいでしょう。

それとともに、相手を意識し過ぎるよりは、落ち着いて自分みがきに重点を置くことが、恋愛成就《じょうじゅ》のポイントです。

男性

個性的センスの持ち主で、頭の回転もよく、会話も上手なので、女性に好感を持たれやすいでしょう。オタクの人も多いので、趣味が合うと意気投合します。

「生霊命」のナイーブさは相手の母性本能をくすぐり、恋愛上手ともいえます。ただし、おだてられると調子に乗りやすいので注意。低級霊につかれると、ナイーブさゆえに他人の目を気にしすぎたり、頭の回転のよさが災いして、辛口なことを言ったりして、「変わった人」とレッテルを貼られることも。年上の女性との相性はよいでしょう。相手に完璧さを求めすぎないこと。料理にチャレンジしてみてください。恋愛運がグンと上がりますよ。

【モテポイント】**会話を楽しめる話術。眼鏡、帽子で自分の個性を表現すること。**

女性

子供のように無邪気で憎めない性格なので、そこが異性から見ると好感ポイントになります。また、駆け引きせず、とくに恋愛には真っ直ぐでロマンチスト。表面的には明るくオープンにみえますが、実は秘密主義。プライベートは、特定の男性以外には明かしません。群れることを好まない人が多く、恋愛でも「わが道を行く」という感じです。恋愛上手といえますが、霊障が現れると、好きな人にも冷たくなり、遠ざけるようになるので注意。「生霊命」の女性は恋するほど美しくなれます。

美容や健康を意識して、それらによいことを生活に取り入れると恋愛運がアップします。

【モテポイント】**肌を美しく保つこと。ヘアスタイルを個性的に。**

あなたと彼・彼女の相性はいかがですか。

生霊命の恋愛相性

ハートマークのゆうれいがいたなら、おめでとうございます！もともと相性がよいので、それほど苦労しなくても心から楽しめる恋愛が成就できます。

ただし、そこに甘えすぎるのは禁物ですよ。

ハートマークのゆうれいが離れてしまっていると要注意。

もともとの相性がよいとはいえません。といっても、あまり心配しないでください。

その分、相手を尊重する気持ちをもってつき合えば、かえって長続きすることも。

相手のゆうれい種の特徴を知っておき、その弱点を踏まえてつき合えるといいですね。

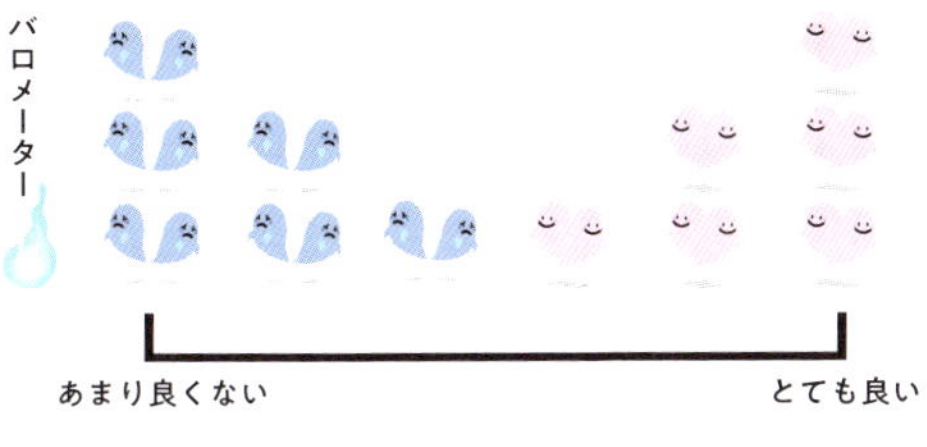

＝ハートマークのゆうれい
相性のよい組み合わせに多く見られる

＝ハートマークになれなかったゆうれい
あまり相性のよくない組み合わせに
多く見られる

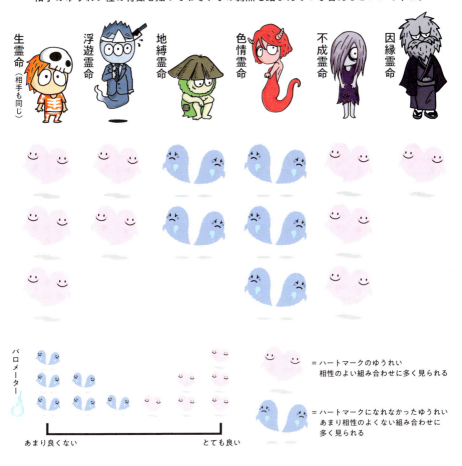

「生霊命」の霊的トラブル
人の話を聞かず人間関係が崩壊

生きている人の念（怨《うら》み、憎しみ、嫉妬《しっと》、好意）が飛んできて、あなたの行動、思考に害を与えるもの。そうなると、行動や思考が鈍くなり、すべてに消極的になります。人を疑いやすくなり、人の話に耳を傾けなくなり、意見やアドバイスも聞かなくなります。

「人間関係がギクシャクして、どうしても理解が得られない」とあなたが感じるとき、多くは相手が悪いのではなく、生霊命による霊的トラブルが原因です。

そのことに気づかないでいると、あなたは孤独を求めて、人を遠ざけるようになります。それはひとつの現実逃避《げんじつとうひ》でもあり、高《こう》じると、精神的な病へとつながる恐れも出てきます。

生霊命は、同性からの敵意や、異性からの邪悪な念ともシンクロしやすいので、精神を強くすることも重要。それには以下の護身アイテムなどが効果的です。

「生霊命」の護身アイテム

男性＝メガネ（レンズの色が濃くないもの）、**帽子**（キャップも可）

女性＝髪飾り（シュシュ、カチューシャなど◎）、**イヤリング**（輝きのあるもの◎、ピアスよりイヤリングが◎）、**帽子**

「生霊命」は精神部分に高い周波数をもっている方が多いので、とくに頭部に護身アイテムをつけることで、低級霊から身を守ることができます。

イヤリングは必ず左右対にしましょう。一方だけつけるのはよくありません。

「生霊命」相関図

六芒星（三角形を二つ組み合わせてできる星形）に
六大ゆうれい種を配置したもの。
これで基本的な相性を読むことができます。

「御霊命陣」〈ごれいめいじん〉

赤い三角形で結ばれた霊命同士は**基本的に相性のよい関係**

「補霊命陣」〈ほれいめいじん〉

青い三角形の（両隣と対極にある）霊命は、**深く関わらず一定の距離を置いて関わるとよい相手**

深入りすると誤解やトラブルを起こしやすいので、一定の距離を置き、ビジネスなどで割り切って関わるとよいでしょう。

一定期間の縁である場合も多いので、短い縁でも気にしすぎないこと。

理解しにくい面があっても悩みすぎないことが大事です。

ただ、自分に足りないものを教えてもらえたり、補ってもらえたりすることもあります。

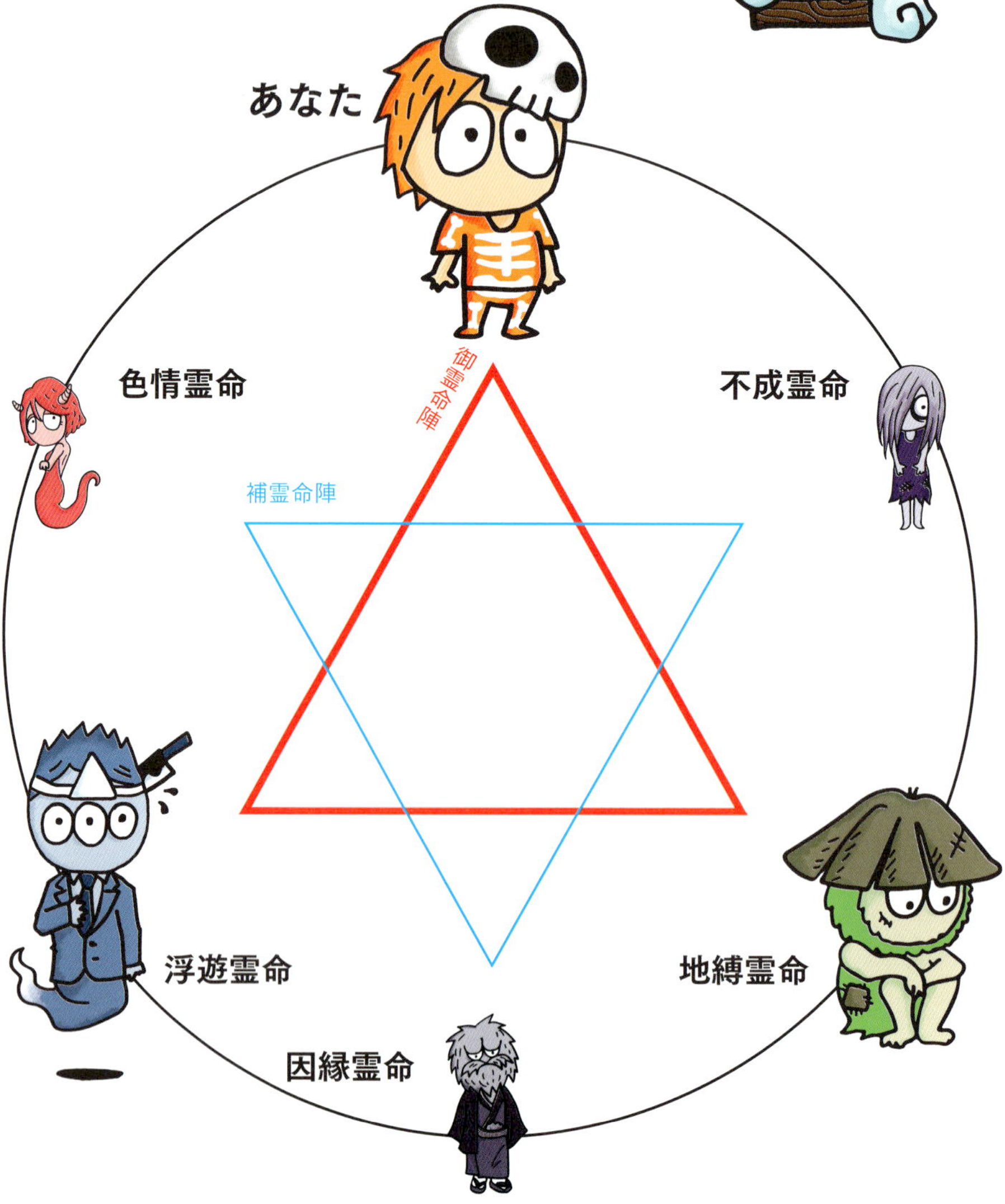

ココロの処方せん

生霊命　さま

用法

「心のトゲを抜きましょう」

人からの誤解は心のトゲ。
チクッときても「たいしたことない」って、
放置していると傷みが拡がります。
そんなココロの傷口を、
ゆうれいは見逃しませんよ。
心のトゲは、早めに抜いて。
人とぶつかることになったとしても。

ゆうれい薬局

浮遊霊命
抜群のスタミナと行動力
エネルギッシュなリーダー
誤解を招く過剰な付き合いに注意
落ち着かない意味不明な行動

「浮遊霊命」の性格
抜群のスタミナと行動力

スタミナがあり、とにかくまめで、動くこと・働くことが生きがいというタイプ。集団の中ではいつも目立つ人気者で、要領がよく、仕切り屋でもあり、気がつくといつも「リーダー的存在」になっています。

財運に恵まれ、お金も人も集まる運を持っているので、社会的に成功する可能性が大。大きな成功を手にするためにも、持ち前のスタミナと行動力で、グローバルに動き回り、経験を積むことが大切です。

弱点はブランド志向が強いことと、欲張り過ぎる場合があること。浮遊霊命は、こうした部分にシンクロして、あなたに取りつきます。

人でも物でも、真価よりブランドに惑わされて、選ぶ基準が大きく狂ってきたら要注意。また、「人の意見を広く聞いてこそよいリーダー」という基本を忘れて、周りが見えなくなったり、強欲になったりしてきたら、信用・信頼を失いそうに。こんなときは、浮遊霊命があなたの心の弱点から忍び込んでついているということを知っておきましょう。

「浮遊霊命」の仕事運
エネルギッシュなリーダー

リーダー的存在で、多くの才能を発揮します。華やかでおしゃれで手際もよく、みんなに頼りにされるとともに、若いときは目上の人にも恵まれます。友達にも恵まれ、そうした人間関係が、仕事にも大きなプラスに。

職種は、どんなジャンルでもこなせますが、とくに営業では抜群の力を発揮できるでしょう。組織では管理職も向いています。女性なら秘書はぴったりの仕事です。

とくに、人の役に立つことで働くのがポイント。自分でも大事にしてきたその基本を、わけがわからないほど忘れ去って、人のことを考えなくなったり、強欲になったりしてきたら、それは浮遊霊命の仕業です。

「浮遊霊命」の恋愛運
誤解を招く過剰なつき合いに注意

とてもまめな人です。世話好きでブランド志向なので、見た目やさまざまなものにこだわりを持ち、異性に対してもサービス精神たっぷり。

普段の友達づき合いでさえ、そのサービス精神を発揮することがよくあります。注目されていたいタイプでもあるため、友達にも過剰な贈りものやアプローチをしてしまうことがあるのです。そのため、相手から「好意があるのでは？」と誤解されることも。

自分自身で、相手への気持ちが本物の愛情か、友達づき合いの範囲なのか、見極める目をもつことが大切です。逆に、恋人や伴侶《はんりょ》に、急に素っ気なくしてトラブルを招くことも。浮遊霊命がつくと、こうしたトラブルが頻繁《ひんぱん》になってくるので要注意です。

女性は専業主婦に収まらないので、仕事に理解のある男性を選びましょう。

男性

バランス感覚があって頼れる存在なので、女性からも頼りにされます。セックスアピールもあるので、年上の女性から好まれる傾向があります。また、ピュアな心をもっていて「嘘が大嫌い」というタイプです。

霊障が現れると、自分が納得いかないことに頑固になって相手を責めてしまうことも。過度な正義感はとても相手を追いつめ、傷つけます。異性との関わりを勝ち負けで考えないように注意。

自分の好みに関係なく、話題の本を読みましょう。恋愛運を上げるのに役立ちます。

【モテポイント】**きれいに磨かれた革靴《かわぐつ》。あまり大きくない鞄《かばん》。おおらかさを意識して気前よくふるまうこと。**

女性

母性が強く、自立心もあります。礼儀正しく、信頼されるしっかり者だけに、年下の男性に好かれます。とても親切で面倒見もよいタイプです。とても働き者で、1人で何役もこなせてしまうパワーも秘めています。ただし、頑張りやさんだけに強情な面もあります。恋愛を友達感覚で楽しむことができます。かつ、世渡り上手でもあるので、異性を選ぶ目は安心できます。

霊障が現れると、異性関係が広くなりすぎることや、悪い異性に利用されたり、振り回されてしまったりすることも。そういう傾向が出てきたら注意が必要です。

同性の友人と小旅行してみては？　それが恋愛運のアップにつながります。

【モテポイント】**楽器演奏。手肌を美しく。たまにはハイヒールを履いてみて。**

あなたと彼・彼女の相性はいかがですか。

浮遊霊命の恋愛相性

ハートマークのゆうれいがいたなら、おめでとうございます！もともと相性がよいので、それほど苦労しなくても心から楽しめる恋愛が成就できます。

ただし、そこに甘えすぎるのは禁物ですよ。

ハートマークのゆうれいが離れてしまっていると要注意。

もともとの相性がよいとはいえません。といっても、あまり心配しないでください。

その分、相手を尊重する気持ちをもってつき合えば、かえって長続きすることも。

相手のゆうれい種の特徴を知っておき、その弱点を踏まえてつき合えるといいですね。

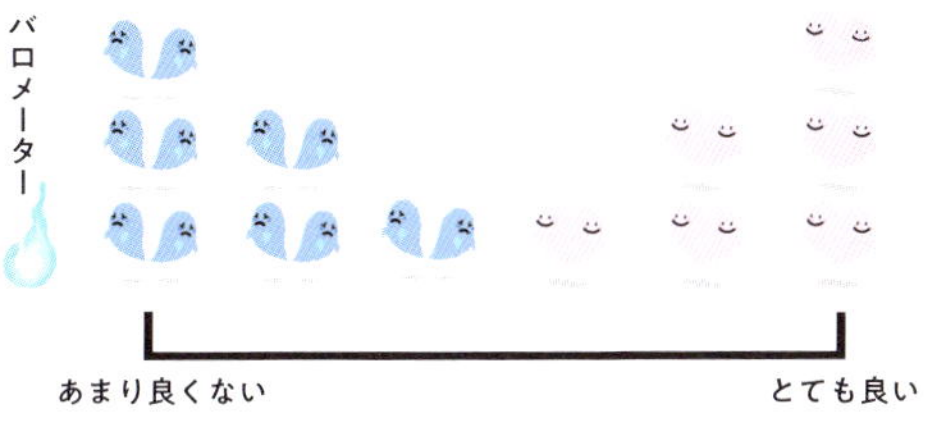

＝ハートマークのゆうれい
相性のよい組み合わせに多く見られる

＝ハートマークになれなかったゆうれい
あまり相性のよくない組み合わせに
多く見られる

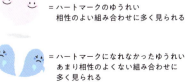

「浮遊霊命」の霊的トラブル
落ち着かない意味不明な行動

死んだことに気づかず、あちらこちらをさまよい続けるのが浮遊霊命。これに取りつかれると、あなたは非常に落ち着きのない行動をとるようになります。普段のエネルギッシュさとは違う、目的も傾向も定まらない意味不明な行動が多くなってきたら要注意。こういうときは、性格や好みも変化し、別人格になってしまうこともあります。

ただ、これは霊的トラブルとしては、それほど強烈ではありません。恐ろしいのは動物霊の場合です。動物霊の浮遊霊命が取りつくと、やたらと変わった動物を「飼ってみたい」とか、ひいては「食べたい」とかと言い出すようになります。人よりも異常な動物愛を示す場合も多いのです。

こうなると、他人には大きな害を与えないとはいえ、実生活が送りにくくなり、結婚が縁遠くなることもよくあります。そういうときは、動物霊の浮遊霊命がついていることが疑われます。護身アイテムなどを活用して鎮霊やお祓いを行ってください。

「浮遊霊命」の護身アイテム

男性＝カバン、靴
女性＝バッグ、靴、指輪（結婚指輪以外）

「浮遊霊命」は非常に行動力がありますが、持続力に欠けることも。護身アイテムを身につけることで、バイタリティーを持続させ、広い人間関係を保てるようにすることが大切。低級霊から身を守らないと、持ち前のスタミナが低下してしまい、すべてに悪影響が及ぼされることもあります。

女性の場合、指輪はとてもいい護身アイテムです。

自分の好きな指に、輝きのある指輪をはめておきましょう。

「浮遊霊命」相関図

六芒星(三角形を二つ組み合わせてできる星形)に六大ゆうれい種を配置したもの。これで基本的な相性を読むことができます。

「御霊命陣」〈ごれいめいじん〉

赤い三角形で結ばれた霊命同士は**基本的に相性のよい関係**

「補霊命陣」〈ほれいめいじん〉

青い三角形の(両隣と対極にある)霊命は、**深く関わらず一定の距離を置いて関わるとよい相手**

深入りすると誤解やトラブルを起こしやすいので、一定の距離を置き、ビジネスなどで割り切って関わるとよいでしょう。

一定期間の縁である場合も多いので、短い縁でも気にしすぎないこと。

理解しにくい面があっても悩みすぎないことが大事です。

ただ、自分に足りないものを教えてもらえたり、補ってもらえたりすることもあります。

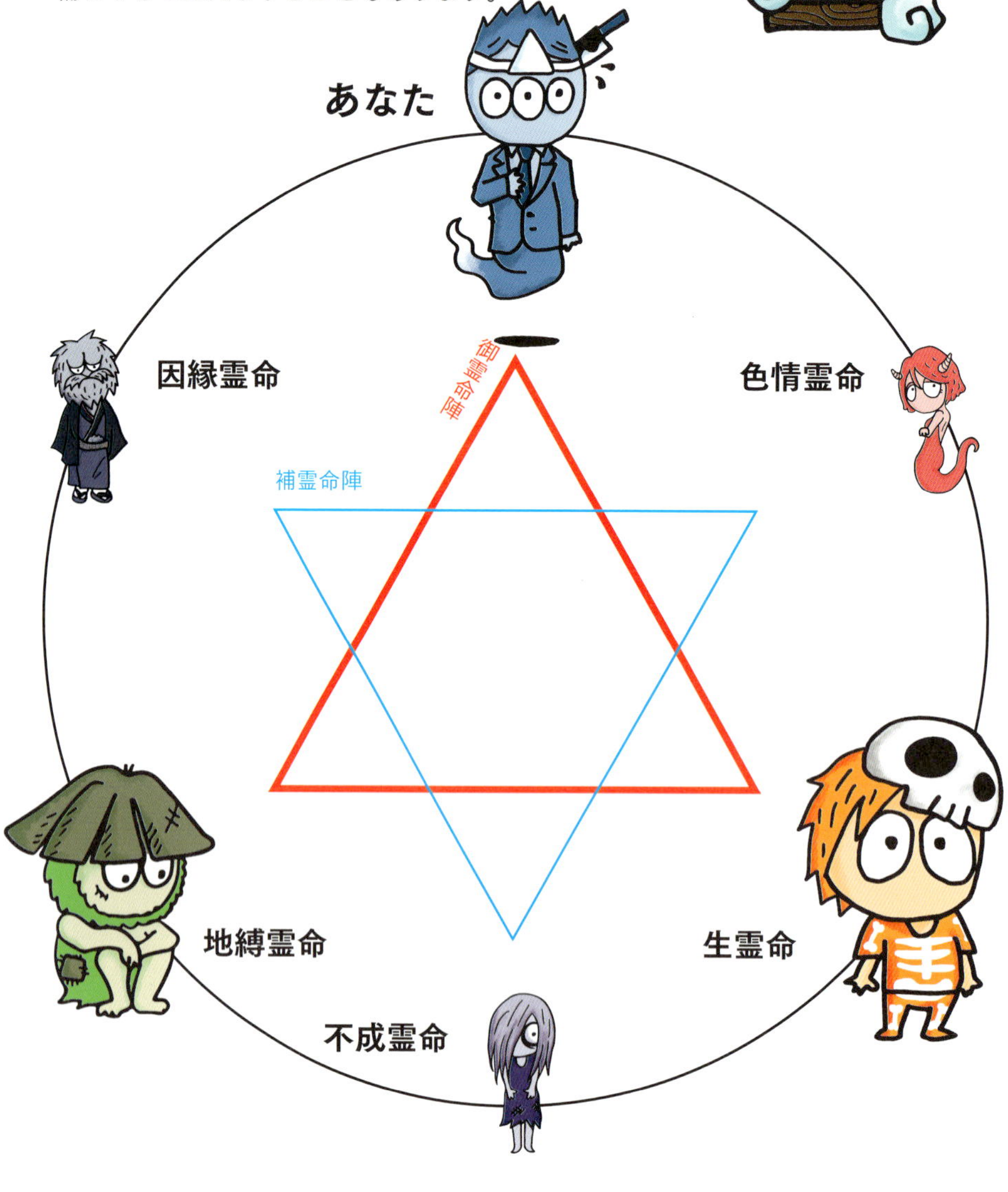

ココロの処方せん

浮遊霊命　さま

用法

「心のエネルギーを循環させましょう」

エネルギーを自分の中に閉じ込めないで。
それこそフワフワしている
ゆうれいを引き寄せてしまいますよ。
エネルギーは天に地に人に、
広大な空間に巡らせてこそ、
あなたへの恵みとなって
還ってくるのです。

ゆうれい薬局

地縛霊命
強烈なパワーで天才的才能を発揮
華やかな舞台に立つまとめ役
臆病にならないで積極的に
自己中や支配欲にシンクロ

「地縛霊命」の性格
強烈なパワーで天才的才能を発揮

自分の代で家系を終わらせる宿命である「末代運」の人が多くみられます。その一方で、長寿の人が多いのも特徴。合理的で的確な判断力があるので、問題を解決する能力はバツグンで、自然にまとめ役を務めることがよくあります。

末代運の人に特有の強烈なパワーをもっています。「一つの時代を作る」という魂から湧きあがるようなパワーです。それを活かした天才的な才能を発揮する人が現れることが多いのです。

若いころの失敗や苦労が、中高年になるにつれて大きく生かされるようになります。失敗の経験が糧《かて》になるのは、誰しも同じですが、とくに「地縛霊命」の人では明らかです。ですから、若いときの失敗や苦労で落ち込むことなく、先を見据《みす》えていく覚悟をもつとよいでしょう。先祖供養を心がけることも大切。

強いパワーを持ちながらも、問題解決能力がバツグンなので、本来は敵を作ることなく、まとめ役を果たしたり、ネットワークを作ったりしていけます。ところが、ふとしたきっかけで敵を作ることがあります。

そういうときは、冷静に振り返ってみると、自分のパワーを好ましくない方向に使い、人を牛耳《ぎゅうじ》っていることが多いもの。こういうときは、地縛霊命がついてパワーの使い道を誤らせているのです。そのことを知っておきましょう。

「地縛霊命」の仕事運
華やかな舞台に立つまとめ役

まとめ役になることが多く、自分でそれを意識することが大事です。組織の中でも、各部署の長から社長まで適していて、すぐれたまとめ役に。さらに、大実業家や芸能人や作家など、向く職種も多彩です。

ただし、身近な周りの人とのコミュニケーションをうまくとらないと、孤立してしまうことも。力があるからこそ、身近な人の中では、それを前面に出さずにムードメーカーになるよう心がけることがポイント。

「自己中」にならないように気をつけ、男女ともに、頼れる存在になれるよう心がけましょう。

コツは理詰めにせず、聞き役に回ること。それを徹底することで、信頼・信用を得られます。

ところが、地縛霊命がつくと、持ち前のパワーを使ってワンマンに突っ走ってしまうので要注意。自分でもよくないとわかりながらも、ついお節介《せっかい》を焼きすぎたり、力で押さえ込もうとしたりするときは、地縛霊命の仕業が疑われます。

「地縛霊命」の恋愛運
憶病にならないで積極的に

若いころからの経験が年齢とともに生かされるタイプと性格のところでもお話ししたように、これは恋愛面でも同じです。ですから、深く充実した人生を送るためには、若いときからの恋愛経験は多いほうがよいのです。

決して移り気であることや、やたらと多くの異性とつき合うことをすすめるわけではありません。ただ、恋愛には、憶病にならないで、積極的なアプローチを心がけるほうが幸運を呼び込めます。

ただし、自分が決めたことをパートナーにも押しつけてしまう傾向が強いのが難点。パートナーとのコミュニケーションをうまくとることが大切です。こういった支配欲のようなものがふつふつと出てきたときに、地縛霊命がすかさずシンクロしてきます。

男性

才能があふれ、強いパワーがあるので一目置かれる存在です。そのため、異性はなかなか近寄りがたいことも。自ら積極的にアクションを起こすことが大切です。とても平和主義なので、相手に安心感を与えますが、反面、堅物で、面白味がないと思われることもあります。

霊障が現れると、支配欲が強烈になります。広い世界に身を置くと恋愛運がアップします。

【モテポイント】チャレンジ精神。個性的な腕時計。

女性

周囲とのコミュニケーションをうまくとることができ、世話好きで意志も強いので、女性からでも頼られる存在です。

男性を圧倒してしまう強さがあり、駆け引き上手で、わがままを通してしまうところも。単独行動よりも群れるほうが好きで、依存度も高いので、男性の存在は重要です。甘え上手で得なタイプです。

霊障が現れると、人の悪口や中傷が多くなったり、白黒をはっきりつけたがったりして、つき合う相手を困らせることもあります。

感情の変化が激しく、寂しがりやなので、駆け引きをせず素直になれると恋愛運がアップします。

【モテポイント】**スポーツで汗を流す。首と手首を輝くもので飾る。**

あなたと彼・彼女の相性はいかがですか。

地縛霊命の恋愛相性

ハートマークのゆうれいがいたなら、おめでとうございます！もともと相性がよいので、それほど苦労しなくても心から楽しめる恋愛が成就できます。

ただし、そこに甘えすぎるのは禁物ですよ。

ハートマークのゆうれいが離れてしまっていると要注意。

もともとの相性がよいとはいえません。といっても、あまり心配しないでください。

その分、相手を尊重する気持ちをもってつき合えば、かえって長続きすることも。

相手のゆうれい種の特徴を知っておき、その弱点を踏まえてつき合えるといいですね。

＝ハートマークのゆうれい
相性のよい組み合わせに多く見られる

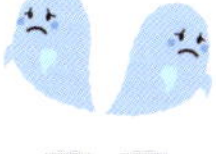
＝ハートマークになれなかったゆうれい
あまり相性のよくない組み合わせに
多く見られる

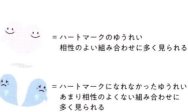

「地縛霊命」の霊的トラブル 自己中や支配欲にシンクロ

ある特定の場所で人に害を与える地縛霊命。それが住まいであれば、住人が病に侵《おか》されたり、不審音が続いたり、おかしな現象が次々と起こったりして、住人を不安にさせます。

事故や事件で命を落とした人のゆうれいが、その場所で同じような事件や事故を引き起こすこともよくあります。前項で述べたとおり、「自己中」や「支配欲」が出てきたら、この地縛霊命がついていることが疑われるので注意してください。

なお、この地縛霊命の怖ろしさは、その場所へ行かなくても、写真、テレビ、ビデオなどの映像を見るだけでも取りつく点にあります。

さらに、こうした映像のほうが、霊的トラブルが強くなる場合が多いのです。家を建てて、すぐに病人や具合の悪い人が出ることなども恐い霊的トラブルです。護身アイテムなどを活用しましょう。

「地縛霊命」の護身アイテム

男性＝ネクタイ、腕時計（文字盤がスクエア◎）

女性＝ネックレス、チョーカー、ブレスレット
（とくにパワーストーンは◎）

「地縛霊命」は、首・手首に護身アイテムをつけることで、低級霊から身を守ることができます。女性の場合、**ネックレスは輝きのあるものがとくにお勧め。**ブレスレットは時計タイプのものでもよいでしょう。

「地縛霊命」相関図

六芒星（三角形を二つ組み合わせてできる星形）に
六大ゆうれい種を配置したもの。
これで基本的な相性を読むことができます。

「御霊命陣」〈ごれいめいじん〉

赤い三角形で結ばれた霊命同士は**基本的に相性のよい関係**

「補霊命陣」〈ほれいめいじん〉

青い三角形の（両隣と対極にある）霊命は、**深く関わらず一定の距離を置いて関わるとよい相手**

深入りすると誤解やトラブルを起こしやすいので、一定の距離を置き、
ビジネスなどで割り切って関わるとよいでしょう。
一定期間の縁である場合も多いので、短い縁でも気にしすぎないこと。
理解しにくい面があっても悩みすぎないことが大事です。
ただ、自分に足りないものを教えてもらえたり、
補ってもらえたりすることもあります。

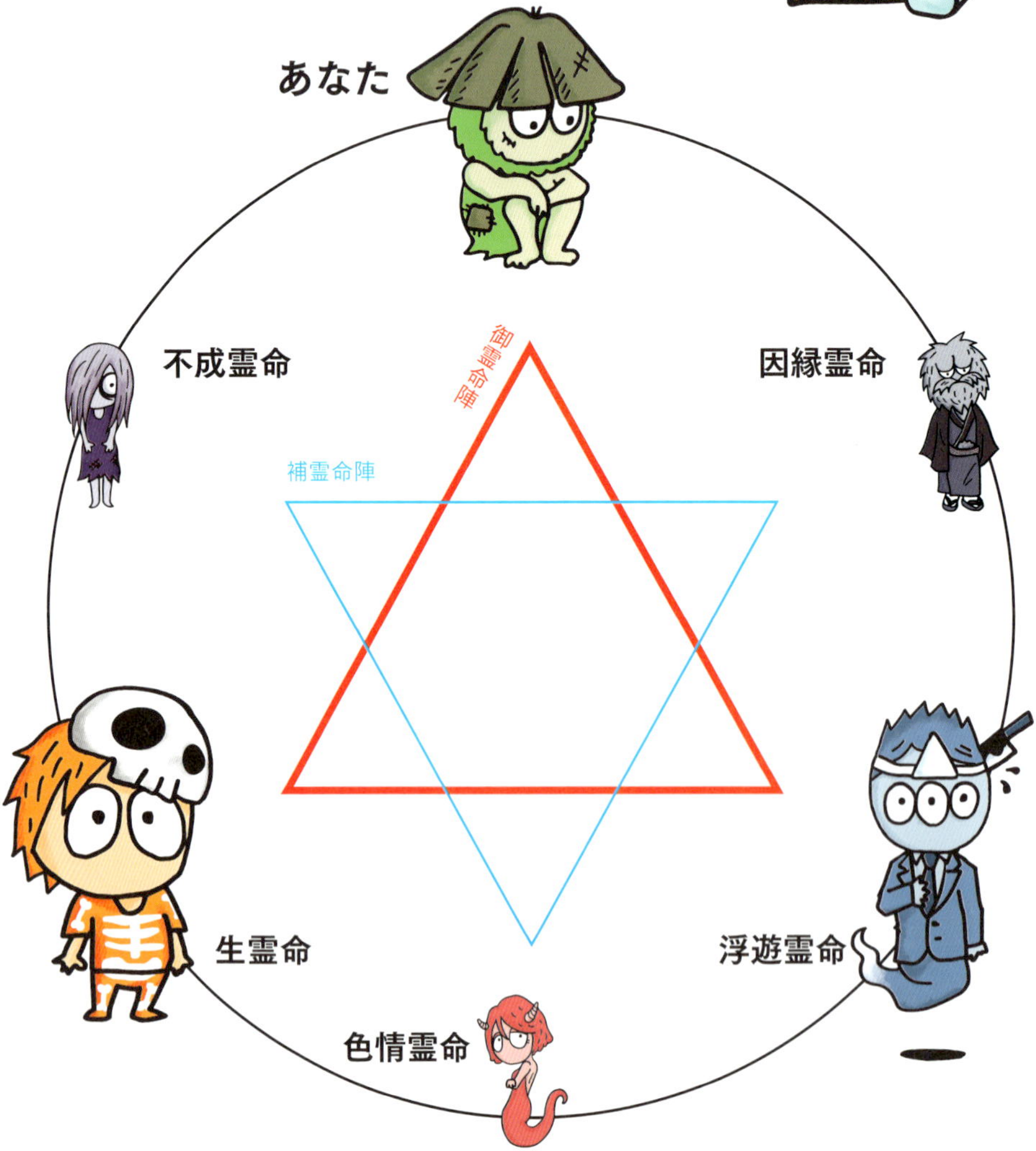

ココロの処方せん

地縛霊命　さま

用法

「心を解き放ちましょう」

あなたの心をしばらないで。
ゆうれいはもっともっとと、
心や体じゅうにしがみついてしまいますよ。
自分をしばることは、
人をしばること。
見えない鎖から心を解き放ってください。

ゆうれい薬局

色情霊命
ドラマチックな個性派
個性的なアイデアマン
一目惚れの達人
金銭を絡めて異性に騙される

「色情霊命」の性格
ドラマチックな個性派

感覚で動くタイプであり、ストレートな好き嫌いが基準なので駆け引きはありません。個性が強烈で、本人に目立つ気がなくても注目を浴びてしまいます。

中には生真面目《きまじめ》で堅物《かたぶつ》に見える人もいますが、あくまでも根は自由人。とにかく「やりたいようにやってしまう」というのが「色情霊命」の人の基本的な生き方・やり方です。その分、好かれる人には強烈に好かれ、嫌われる場合も半端なく嫌われてしまいます。周囲を巻き込んで、関わる人が敵味方に分かれてしまうことも。

さまざまな出来事や成果も、すごくいいように運ぶか、どん底まで落ちてしまうかの両極端に出やすく、ドラマチックな人生です。

選ぶ道によって、結果は天と地ほどに違ってしまいます。といっても、最高についていると思ったら、じつはどんでん返しがあって運勢が落ち込んだり、逆にどん底から急激に上昇したりして、全体をみればバランスがとれていることが多いのです。

ところが、ときに悪いベクトルばかりが長く続いたり、トラブル続きで落ち着かない生活が続いたりすることもあります。これは、色情霊命を呼び寄せているのです。

もともと、とても気さくな人ですが、人の意見は聞かない傾向があり、それが高じたときに色情霊命とシンクロするので要注意。

感覚も大切ですが、理性的に考えることも、ときには必要と知っておきましょう。それが、色情霊命から身を守るためにも大切です。

「色情霊命」の仕事運
個性的なアイデアマン

ルーティンワークが苦手で、ヒラメキやアイデアを生かす職業がぴったり。ファッション、スポーツ界といった個性を活かせる分野や、さまざまな自由業で才能を発揮できます。

組織の中では、アイデアを活かせる企画や広報などの部署が向いています。

仕事で成功するには、目先の利益にこだわらず、内容を重視することが重要。周りの人たちの理解と信用を得ることが成功のカギになります。

色情霊命が取りつくと、この部分でうまくいかなくなります。何か自分でもおかしいと思うほど意固地《いこじ》になって、人の意見などをはねのけたくなるときは、色情霊命の仕業です。

「色情霊命」の恋愛運 一目惚《ぼ》れの達人

やはり感覚やヒラメキを恋愛でも重視します。「一目惚れの達人」ともいえるでしょう。そのことが人生に華を添え、成長にもつながるタイプで、ドラマチックな恋愛ができます。

一見、「わが道をゆく」というイメージで、頼りがいもありそうですが、じつは甘えたいタイプ。そのため、相手から頼られると困ってしまい、どうすればいいかわからなくなることも。「感覚に生きる」とはいっても、普段は好き嫌いがハッキリしていて、むしろ自分なりのかたくなな恋愛ポリシーをもっています。それなのに、何か色ボケでもしたかのように、節操なく異性に惹《ひ》かれるときは、色情霊命がついているのです。

浮気が多くなるのも、色情霊命の仕業なので要注意。また、もともと浮気を見抜く力もピカイチですが、色情霊命がつくと、やたらと疑り深くなってパートナーとの間にもトラブルが頻発します。

護身アイテムなどを活用して、じっくりと腰を据えた恋愛を心がけることが大切です。

男性

一見、堅い感じのしっかりした人に見られがちですが、実は自由人です。とてもモテるうえ、本人も一目惚れしやすく、相手のタイプもさまざまです。恋愛を楽しめる得な性格です。

霊障によっては、女性が寄りつかなくなったり、逆にモテる分だけ、恋愛トラブルがつきまとったりするようになりますから注意が必要です。

自分が甘えられる女性がぴったりです。または、自身の精神年齢を高めると、さらに恋愛運がアップします。

【モテポイント】**腹筋を鍛える。外出時のスラックスにはベルト使用。**

女性

感情をあらわにしない慎重派です。気配り上手で気持ちも真っ直ぐなので、男性から好感を持たれます。

相手の立場で考えることができるうえ、甘え上手で恋愛上手ともいえます。個性的なセンスがあり、そういうところも好まれます。

霊障が現れると、急に自信を失ったり、逆に奔放《ほんぽう》になってわがままがひどくなったりします。不倫や三角関係などのトラブルにも注意してください。

男性に対してお人好しになる必要はありません。もう少し自分の気持ちを優先すると、恋愛運を上げることができます。

【モテポイント】**歌舞伎を観る。伸ばしすぎない爪。**

あなたと彼・彼女の相性はいかがですか。

色情霊命の恋愛相性

ハートマークのゆうれいがいたなら、おめでとうございます！もともと相性がよいので、それほど苦労しなくても心から楽しめる恋愛が成就できます。

ただし、そこに甘えすぎるのは禁物ですよ。

ハートマークのゆうれいが離れてしまっていると要注意。

もともとの相性がよいとはいえません。といっても、あまり心配しないでください。

その分、相手を尊重する気持ちをもってつき合えば、かえって長続きすることも。

相手のゆうれい種の特徴を知っておき、その弱点を踏まえてつき合えるといいですね。

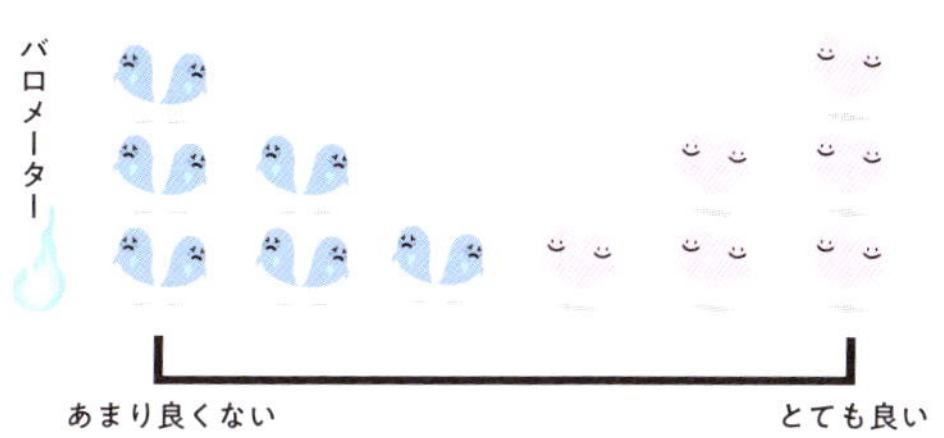

＝ハートマークのゆうれい
相性のよい組み合わせに多く見られる

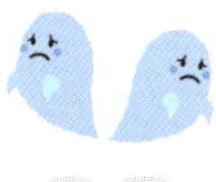
＝ハートマークになれなかったゆうれい
あまり相性のよくない組み合わせに
多く見られる

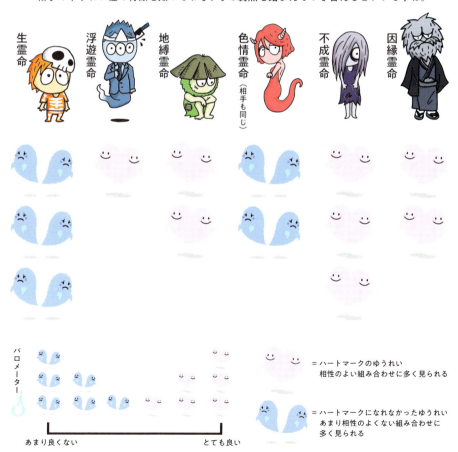

「色情霊命」の霊的トラブル
金銭を絡《から》めて異性に騙《だま》される

年齢にかかわらず、異性関係にさまざまな害を与えます。取りつかれると、次々に異性が寄ってくるのですが、それを「モテている」とはき違えると、のちのち後悔する人生となってしまいます。もともと、仕事はきちんとできるタイプですが、色情霊命がつくと仕事にまでも色恋トラブルが影響するようになります。とくに女性は、色情霊命に取りつかれると、金銭問題を含めて男性にだまされる人が多くなるので要注意。また、情に溺《おぼ》れやすくなってしまうので、取り返しのつかない人生を背負ってしまわないよう、危ないと思ったら霊的デトックスを心がけてください。

男性は逆に、色情霊命がつくと、情のない行動をとって女性を苦しめてしまうことがあります。また、男性の場合も金銭トラブルを伴うので注意が必要です。

色情霊命の霊的トラブルは、人に対してだけでなく、動物に極端に強い愛情を示すという形で現れることもあります。異常な数のペットを飼う人も多いのです。そういう場合にも、色情霊命による霊的トラブルではないかと疑ってみる必要があります。

「色情霊命」の護身アイテム

男性＝ベルト、大切な人の写真

女性＝両親またはどちらかの親と自分との写真、爪切り、指輪

（結婚指輪以外、輝きがあるもの◎）

「色情霊命」は、情というもののコントロールが弱点なので、低級霊から身を守るには、血縁者や大切な人の真の愛情を象徴するものを身につけるとよいでしょう。代表的なものは写真ですが、手紙や思い出の品などでもかまいません。

それとは別に、女性の場合は爪がポイント。**長くとがった爪は、運勢上よくありません。**どうしても切れない方は爪切りを持ち歩いてください。そうでなくても、爪切りは護身アイテムになります。指輪は輝きのあるものがとくに効果的です。

「色情霊命」相関図

六芒星（三角形を二つ組み合わせてできる星形）に六大ゆうれい種を配置したもの。

これで基本的な相性を読むことができます。

「御霊命陣」〈ごれいめいじん〉

赤い三角形で結ばれた霊命同士は**基本的に相性のよい関係**

「補霊命陣」〈ほれいめいじん〉

青い三角形の（両隣と対極にある）霊命は、**深く関わらず一定の距離を置いて関わるとよい相手**

深入りすると誤解やトラブルを起こしやすいので、一定の距離を置き、ビジネスなどで割り切って関わるとよいでしょう。

一定期間の縁である場合も多いので、短い縁でも気にしすぎないこと。

理解しにくい面があっても悩みすぎないことが大事です。

ただ、自分に足りないものを教えてもらえたり、補ってもらえたりすることもあります。

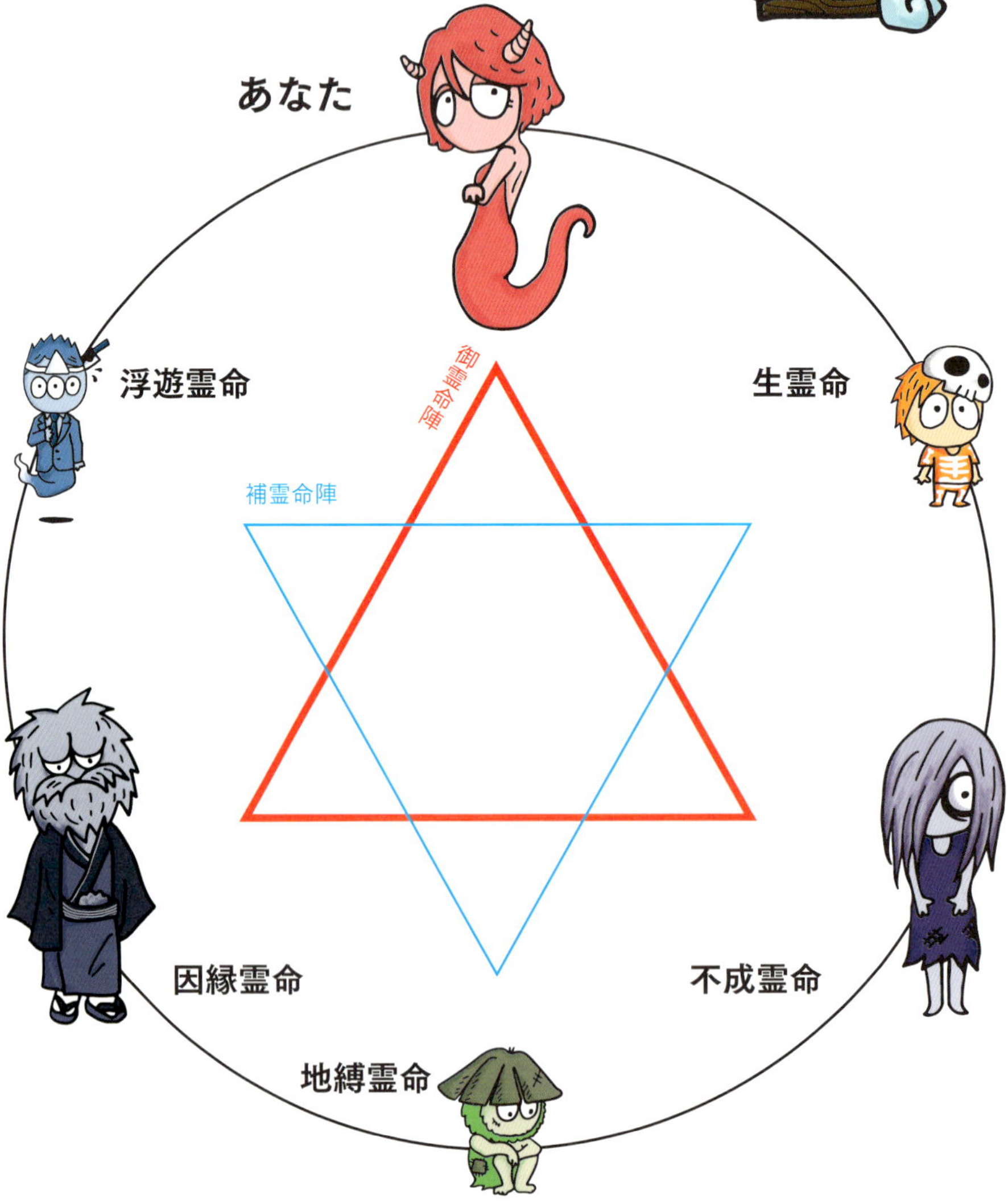

ココロの処方せん

色情霊命　さま

用法

「心をワープさせましょう」

いつもいつも真正面に
向き合わなくたっていいんです。
それが度を過ぎればゆうれいに魅入られ、
元気を失ってしまうかも。
自由な空間に心を飛ばし、
元気をチャージしてから、
また取り組みましょう。

ゆうれい薬局

不成霊命
スケールの大きな人情家
組織の中で実力を発揮
不寛容になってきたら注意
強い執着心や無責任行動

「不成霊命」の性格 スケールの大きな人情家

エネルギーの大きさは絶大で、大器晩成型。実家との縁は薄いのですが、とても親孝行でもあります。人情味があり、男女問わず、仕事で大きな財産を手にする可能性が大。

やると決めたことには、とことんエネルギーを注ぎ込んでベストを尽くします。その結果、男女ともに「大物」といわれる存在になることが多いのです。

女性は器の大きさゆえに、主婦に収まりにくいこともあります。家庭に収まるにはもったいない才覚・才能を持っているので、どんな分野であれ、自分らしくイキイキと活躍できる場を見つけることが大事。

男女問わず、前を向いてやりたいことに向かって突っ走っているときは、人との関係もよく、成功に近づいていけるのですが、何かの都合でそのエネルギーを押さえ込まれると、パワーが妙な方向に向かい始めます。

こういうときに、不成霊命がしのびよってシンクロします。すると、持ち前のエネルギーによって、人や物に強く執着してしまうことに。これが高じると、ストーカーまがいの行為をしたり、やたらとお金をため込んで有意義に使えなくなったりするので要注意です。

「不成霊命」の仕事運
組織の中で実力発揮

外交面にすぐれ、人脈も豊富なので、実業家や政治家に向いています。欲しいものは何としてでも手に入れようとするエネルギーは絶大で、それがよい方向に働くと、大きなチャンスを手にできますし、その先には大きな成功が待っています。

しかし、攻めは強いのですが、守りに弱いのが「不成霊命」の人の特徴。明るく物怖《お》じしないので、誰とでも仲良くなって人と人をつないでいける半面、無防備に危険な人を近づけてしまうことも。不成霊命とシンクロしてしまうと、物事への執着が強くなるとともに、人の真価を見る目が濁《にご》ります。

自分のエネルギーを正しく使うためには、護身アイテムなどを活用して不成霊命から身を守り、人を見る目を濁らせないことです。そのうえで、信頼できる人に、ブレーキ役やアクセル役としてそばにいてもらうことが重要。

そういった人をおくことで、仕事の大きな成功も手にできます。また、家庭ではゆっくり休んで、エネルギーの充電をすることもポイント。

「不成霊命」の恋愛運 不寛容になってきたら注意

明るく、誰とでも仲良くなれるので、男女を問わず軽く見られがち。けれども、恋愛観はいたって真面目。見た目とは違って堅物なのです。男性には、女性を引っ張って行くタイプが多くみられます。

外向的で、魅力的なタイプの人が多いのですが、つき合い始めると、パートナーには意外と寛大でない面が現れることも。不成霊命がつくと、執着心が強くなりますから、パートナーに対してあらぬ浮気の疑いをかけるなど、変な行動を取り始めます。

思い込みや被害妄想《ひがいもうそう》で嫉妬したり、相手を責めたりし始めたら、不成霊命の仕業と考える必要があります。

男性

明るくて知識や話題が豊富。人脈も広く、周りから頼られますが、そのわりに恋愛にはいたってまじめです。

独特な世界観を持っていて、皆を楽しませる達人です。しかし、女性と1対1になると、自分のよさを出せなくなってしまいます。外見と内面のギャップがプラス（意外性が生み出す魅力など）に受け取られるようになると恋愛もうまくいきます。

霊障によってギャップがマイナスに作用すると、恋愛どころか全てにやる気がなくなってしまうので注意してください。女性を意識しすぎないことも大切。香りで恋愛運がアップします。

【モテポイント】イベントやパーティーを企画。ムスク系のオーデコロン。

女性

人間関係がとてもよく、男性と肩を並べてもヒケをとらない言動ができます。誰とでも仲よくできるので、慕われることが多いタイプです。しかし、深入りすることは好まないので、相手から見ると、冷たく感じられてしまうこともあります。

負けず嫌いな強さがありますが、本質的にはやさしさを持っています。

霊障が現れると、優柔不断と頑固な両面が極端に出てしまいます。また、男性に経済面ばかりを要求してしまったりするので注意してください。香水をつけ、ロマンチックな気分を大事にすると恋愛運がアップします。

【モテポイント】**カラオケ。ローズ系の香水（オーデコロン）**

あなたと彼・彼女の相性はいかがですか。

不成霊命の恋愛相性

ハートマークのゆうれいがいたなら、おめでとうございます！もともと相性がよいので、それほど苦労しなくても心から楽しめる恋愛が成就できます。

ただし、そこに甘えすぎるのは禁物ですよ。

ハートマークのゆうれいが離れてしまっていると要注意。

もともとの相性がよいとはいえません。といっても、あまり心配しないでください。

その分、相手を尊重する気持ちをもってつき合えば、かえって長続きすることも。

相手のゆうれい種の特徴を知っておき、その弱点を踏まえてつき合えるといいですね。

＝ハートマークのゆうれい
相性のよい組み合わせに多く見られる

＝ハートマークになれなかったゆうれい
あまり相性のよくない組み合わせに
多く見られる

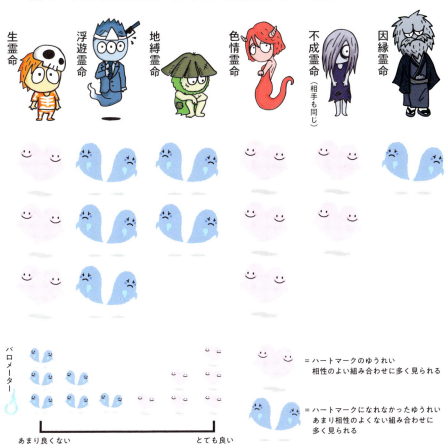

「不成霊命」の霊的トラブル

強い執着心や無責任行動

生前に未練や悔いを残している不成霊命。これが取りつくと、やたらに物事や金銭に執着し、人をだましたり、傷つけたりしてまで奪い取らないと気がすまなくなります。極端に現れた場合、犯罪になってしまうこともあるのでくれぐれも注意が必要。

霊的トラブルが弱い場合は、「体調が悪くなってやる気が出ない」とか、「投げやりで無責任な行動をする」という形で現れることもあります。普段なら、きちんとやり通せるはずのことを、途中で放り出してしまったり、さらに責任転嫁して逃れようとしたりするときは、不成霊命の仕業が疑われます。

本来は責任感があり、仕事もできる有能な人だけに、周囲の人が、その落差に驚かされることも。「普段の自分と違う」と感じたら、護身アイテムなどを活用して不成霊命から身を守りましょう。

「不成霊命」の護身アイテム

男性＝ビジネス手帳、時計（文字盤が丸型）、または懐中時計

女性＝花柄の手帳、香水

「不成霊命」は、現実に強い周波数を持っています。**現実をしっかり記している手帳**などを身につけて、低級霊から身を守ることが大切。

女性の場合、現実に強いだけに、女性をイメージできる自然界のもの（草花をあしらった手帳やグッズ、香水など）を使うと効果的です。

「不成霊命」相関図

六芒星（三角形を二つ組み合わせてできる星形）に六大ゆうれい種を配置したもの。

これで基本的な相性を読むことができます。

「御霊命陣」〈ごれいめいじん〉

赤い三角形で結ばれた霊命同士は**基本的に相性のよい関係**

「補霊命陣」〈ほれいめいじん〉

青い三角形の（両隣と対極にある）霊命は、**深く関わらず一定の距離を置いて関わるとよい相手**

深入りすると誤解やトラブルを起こしやすいので、一定の距離を置き、ビジネスなどで割り切って関わるとよいでしょう。

一定期間の縁である場合も多いので、短い縁でも気にしすぎないこと。

理解しにくい面があっても悩みすぎないことが大事です。

ただ、自分に足りないものを教えてもらえたり、補ってもらえたりすることもあります。

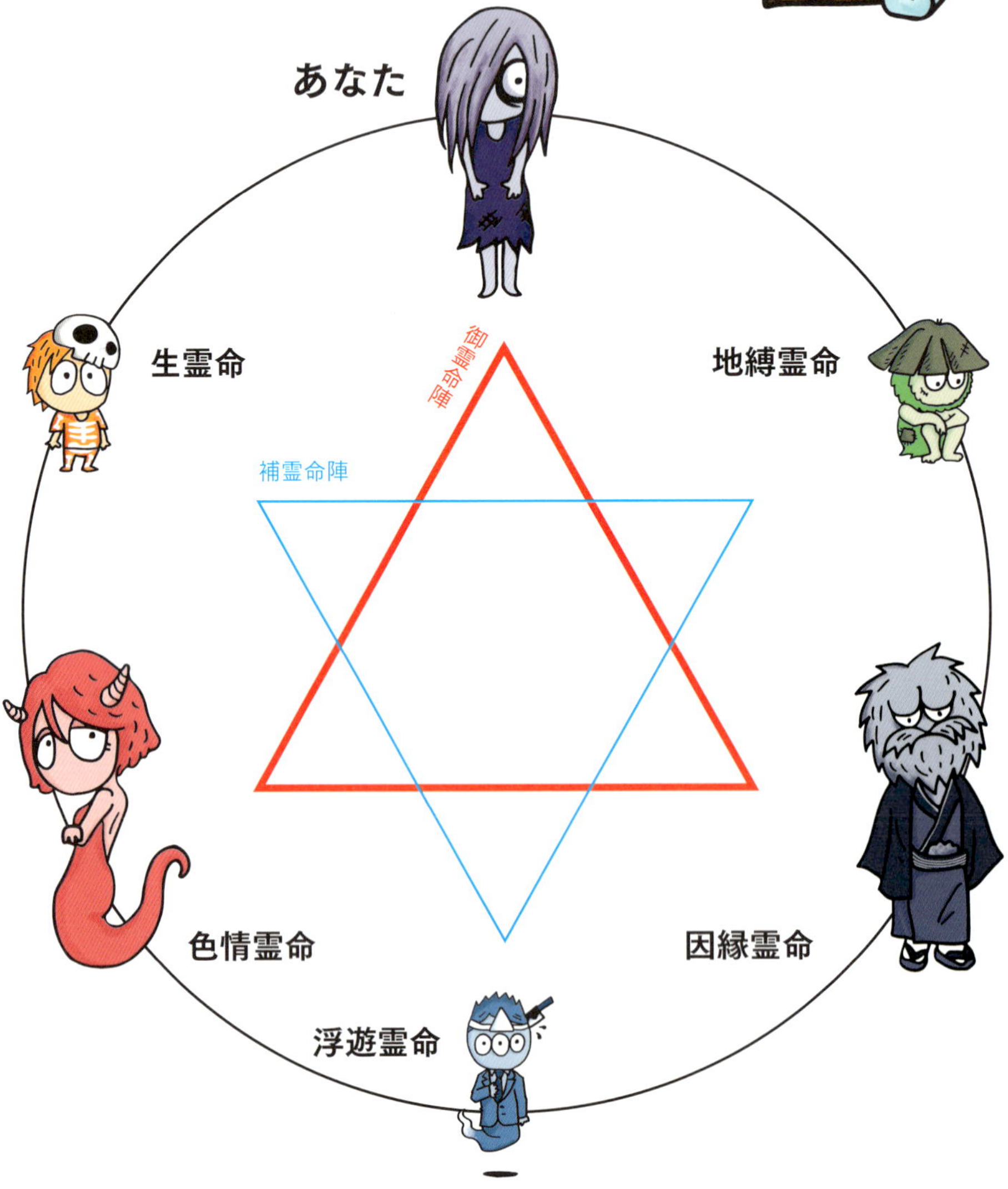

ココロの処方せん

不成霊命　さま

用法

「心を深呼吸させましょう」

浅い呼吸を続けていると、
深い呼吸ができなくなってくる。
心も同じです。
ゆうれいは浅い呼吸のほうが
居心地がいいのです。
思い切ってエネルギーを放出し、
いいエネルギーをたっぷり取り込んで。

ゆうれい薬局

因縁霊命
志が強く信頼されるしっかり者
頭の回転が速くクールな創始者
自分と相手を信じて突き進む
家系や一族に害が降りかかる

「因縁霊命」の性格

芯が強く周囲に信頼されるしっかり者

心のバランスを保つことが上手なので、周りから「しっかり者」と見られて頼りにされます。決して自己主張は強くないのですが、人としての芯が強いのが特徴。声高ではなく、もの静かに発言しながらも、周囲から信頼され、賛同を得やすい人です。

さまざまな集団のなかで、オピニオンリーダーにもなりやすいタイプです。

「因縁霊命」の人の大きな課題は、「親の意見を押しつけられないようにする」ということ。しっかり者なのに、なぜか親の言うことには、理不尽であっても引きずられるところがあるからです。

親から見れば、「因縁霊命」の子供には、自分の生き方や意見を押しつけずに、子供自身の道を歩ませることが何より大切です。

何ごとにつけ、「自分から始める」ということが、「因縁霊命」の人の運をよくするポイントなのです。そのことを常に意識して、自分自身が本当にやりたいことを選び、突き進みましょう。

ただし、因縁霊命が取りつくと、親の口出しや干渉がますますひどくなり、自分自身の道を歩むことが難しくなってきます。それによって自分の人生を諦めると、のちのち禍根を残すことになるので要注意。

因縁霊命から身を守って、自分の納得のいく人生を歩むことが大切です。それが、結果的には親にとっても幸せであり、家族全体によい運を引き寄せることになります。

「因縁霊命」の仕事運
頭の回転が速くクールな創始者

物事の処理能力が高いので、仕事上も周囲の厚い信頼を得ます。

職場では、「頭の回転が速いクールな人」と見られることが多いでしょう。自分自身が先頭に立ち、部下など目下の人たちの面倒をみながら仕事を進めて行くと、彼らが力強い味方になってくれます。彼らの力を借りて、あなたはさらに発展できるでしょう。

逆に、親や目上の人に頼っているうちは、なかなか成功しにくいのが「因縁霊命」の人の仕事の宿命です。

「因縁霊命」の人は、トップに立つことで、その組織を大きく変えることができます。よりよい変革の中心になれる人物です。したがって、仕事上で独立するのはもちろん向いていますし、組織の中でも、新規事業や企画、計画にかかわることに向いています。これらに携《たずさ》わると、成功を呼び込むことができます。自分一人で始めることならジャンルは問いません。より新しいものにチャレンジすることも幸運を招きます。

しかし、因縁霊命が取りつくと、本来あるはずの自信を見失い、決断力も発揮できなくなります。すると、親や上司に頼るようになり、自分自身の人生を生きられなくなるのです。

「因縁霊命」の恋愛運
自分と相手を信じて突き進むこと

男女を問わず、「頼るより頼られたい」と欲するタイプです。女性の場合は、おおいなる内助の功を発揮します。男性が弱すぎると、内助の功を通り越して、完全に妻がイニシアティブを握る場合もあります。

男性の場合は、どこから見ても頼りがいのある人です。それでいて、強さを前面に出さないので、本当の意味でクールな、人格的にもすばらしい男性です。

恋愛関係の執着心はあまり強くなく、駆け引きも好きではありません。情熱的な恋愛というのも苦手で、恋愛中はサラッとし過ぎているくらいです。それによって、誤解されてしまうこともあります。

恋愛でも、自分自身の判断を信じて突き進むことが大切。迷いや疑いが生じると、そこに因縁霊命がシンクロして、ますます疑念が大きくなるので要注意。相手に対する思いやりを忘れないようにすることで、こうした難を逃れやすくなります。

男性

自立心が旺盛で、恋愛でも頼りにされることに喜びを感じます。また、勝ち負けにこだわるところがあり、それは恋愛に対しても同様です。

何事にもパワーがあるので、男らしく頼もしくみえます。その分、柔軟性に欠ける部分があります。

霊障が現れると、思いやりがなくなり、意地っ張りのわりには甘えるなど、本来と真逆になってしまうので注意が必要です。もっと広い視野や価値感を持つと恋愛運が上がります。

【モテポイント】**映画館で映画を観る。輝きがある文字盤の腕時計。**

女性

姉御肌で面倒見がよく、チャレンジ精神があるので、男性にも人気があります。ただし、男勝りの面が恋愛にはネックとなり友人以上に発展するまでに時間がかかることもあります。正直かつストレートにものを言うので、誤解されることも多々あります。霊障が現れると、上から目線や自信過剰となり、強烈な個性で周りを圧倒しかねません。それが恋愛運を下げてしまいます。

女性であることを意識した振る舞いが、恋愛運をアップさせるポイントです。

【モテポイント】**ボランティア活動。パワーストーンのアクセサリー。**

あなたと彼・彼女の相性はいかがですか。

因縁霊命の恋愛相性

ハートマークのゆうれいがいたなら、おめでとうございます！もともと相性がよいので、それほど苦労しなくても心から楽しめる恋愛が成就できます。

ただし、そこに甘えすぎるのは禁物ですよ。

ハートマークのゆうれいが離れてしまっていると要注意。

もともとの相性がよいとはいえません。といっても、あまり心配しないでください。

その分、相手を尊重する気持ちをもってつき合えば、かえって長続きすることも。

相手のゆうれい種の特徴を知っておき、その弱点を踏まえてつき合えるといいですね。

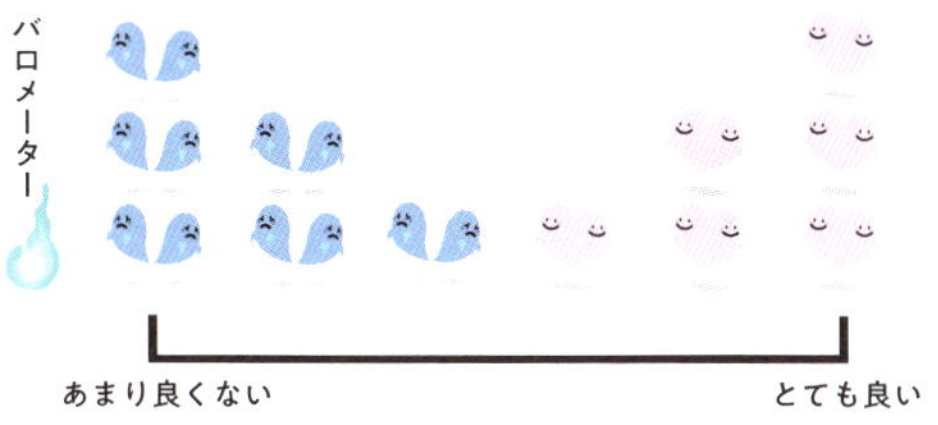

＝ハートマークのゆうれい
相性のよい組み合わせに多く見られる

＝ハートマークになれなかったゆうれい
あまり相性のよくない組み合わせに
多く見られる

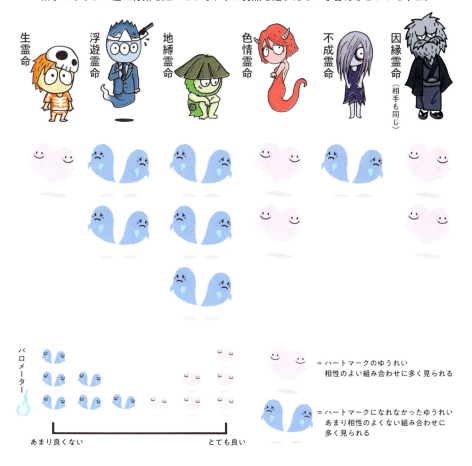

「因縁霊命」の霊的トラブル
家系や一族に害が降りかかる

他の家系からの怨みや憎しみ、または自分の家系での自殺者の怨みなどをもつ因縁霊命。これに取りつかれると、個人だけでなく、家系や一族に害が降りかかってきます。

資産家の没落や原因不明の病などの災難が、身内の中で起こり、一族を苦しめることになるのです。

その災厄《さいやく》は、一代で終わらないこともあります。しかも、因縁霊命に取りつかれると、さまざまな身内の問題を、「他人には言いにくい、相談できない」と思い込み、隠蔽《いんぺい》してしまうのでさらに厄介《やっかい》です。害というよりも、祟りと呼びたいほどの怖ろしさがあります。

「因縁霊命」の人は、こうしたリスクを知っておき、早めに護身アイテムなどを活用して、霊的トラブルを防ぐことがとても大切です。

「因縁霊命」の護身アイテム

男性＝印鑑（ゴム印は×）、輝く文字盤の腕時計

女性＝印鑑（ゴム印は×）、花柄のハンカチ、ブレスレット（とくにパワーストーンは◎）、結婚指輪（なければ輝きのあるリング）

「因縁霊命」は、家系での縁が深く関わっています。**印鑑は姓（家の名）を表しています。**印鑑は運勢占いでも、印相をみることが占法の一つになっていることからもわかるように、印鑑に深く関わります。それが、「因縁霊命」の場合はとくに強いのです

女性の場合は、手・指にもポイントがあり、結婚している方はぜひ結婚指輪をしてください。

「因縁霊命」相関図

六芒星(三角形を二つ組み合わせてできる星形)に六大ゆうれい種を配置したもの。
これで基本的な相性を読むことができます。

「御霊命陣」〈ごれいめいじん〉

赤い三角形で結ばれた霊命同士は **基本的に相性のよい関係**

「補霊命陣」〈ほれいめいじん〉

青い三角形の(両隣と対極にある)霊命は、**深く関わらず一定の距離を置いて関わるとよい相手**

深入りすると誤解やトラブルを起こしやすいので、一定の距離を置き、
ビジネスなどで割り切って関わるとよいでしょう。
一定期間の縁である場合も多いので、短い縁でも気にしすぎないこと。
理解しにくい面があっても悩みすぎないことが大事です。
ただ、自分に足りないものを教えてもらえたり、
補ってもらえたりすることもあります。

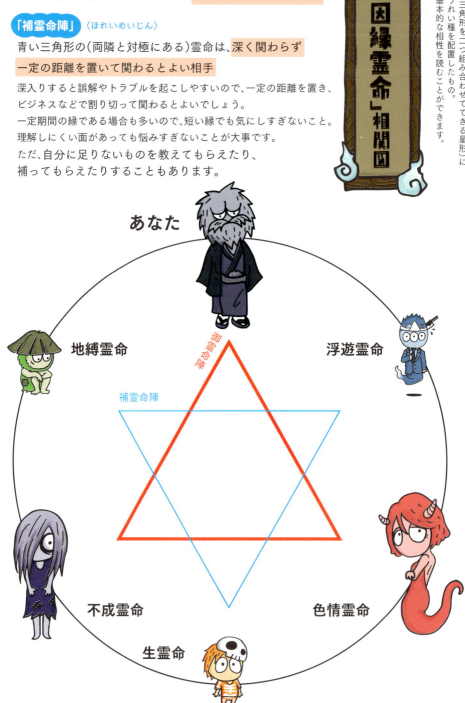

ココロの処方せん

因縁霊命　さま

用法

「心の“遊び”を作りましょう」

ふっと息を抜く。
「まあいいか」と思う。
クスッと笑える余計なことをしてみる。
行き詰まったときにはやってみて。
ゆうれいは、心から笑える人には
近寄りがたいのです。
心の「遊び」や「緩み」を大切に。

ゆうれい薬局

ゆうれいCOLUMN

科学の対極にある霊が、情報社会に大きな影響を与える⁉

科学や医学など、さまざまな根拠を証明できるものと、目に見えず証明しがたいもの……。両者は対極にあると思われがちですが、実はそうでもありません。医学でも、目に見えるものを重視する西洋医学に対し、東洋医学では目に見えない「気（生命エネルギー）」や経絡《けいらく》（気の通り道）を重視します。科学の分野でも、目に見えないものを対象にする量子力学が注目されています。

占いの世界も大きく分けて西洋と東洋の二つに分けられます。

東洋の占いの全ての基礎とされているのが「陰陽思想」です。

「陰陽の概念」では、「陰」は月、地、女、暗、裏、空間、精神（心）、偶数。「陽」は太陽、天、男、明、表、時間、肉体（身）、奇数が対応すると考えられています。これまでの概念では述べられていませんが、目には見えない“情報”に対する明確な語彙《ごい》は見当たりません。しかし、しいてその意味から考えますと、対極となる語は、“実体（実態）”といえるのではないでしょうか。

そう置き換えれば、霊は実体のないものですから、「情報＝霊」、そして「陽」実体－「陰」情報（霊）と、なるのではないでしょうか。

これからの情報革命時代に、霊の存在こそ見えないエネルギーとなり、情報社会に大きな影響を与えるものになるのではないかと感じています。

第二章

もっと知って、もっと活用！
ゆうれい占い上級編――陰陽と運勢

力のベクトル「陰力」「陽力」でトラブルの質が変わる

東洋占術には「陰陽」という基本的な考え方があります。「陰陽」は究極のパワーの源といわれています。それぞれの力が強い場合を「陽力が強い」「陰力が強い」といいます。
陽力とは「外に広がる力、活動力、積極的な動き」などを示し、
陰力とは「内側に入る力、とどまる力、静かな動き」などを示します。
あなた自身、陽力が強いか、陰力が強いかで霊的トラブルの現れやすさも変わってきます。

陰陽の概念

陰：月、地、女、暗、裏、空間、精神（心）、偶数など。

陽：太陽、天、男、明、表、時間、肉体（身）、奇数など。

陽力・陰力の出し方（どちらが強いかを示します）

第一章で出したあなたの**ゆうれい数**で調べます（14〜15ページ参照）。

●「ゆうれい数」の**一の位が奇数**の場合→「**陽力**」

●「ゆうれい数」の**一の位が偶数**の場合→「**陰力**」

CAUTION：基本霊数表の数字ではなく、その表を元に算出したゆうれい数の一の位

陽《よう》

1 3 5 7 9

「ゆうれい数」の一の位が奇数のあなた

陽力とは〈外に広がる力、活動力、積極的な動き〉

陽力の特徴

霊的トラブルが**肉体的**に出やすい
肉体疲労、ケガに注意。
運勢の影響《えいきょう》がハッキリわかりやすく、
大きな変化として現れる。
精神的に激しく自分が出やすく、
相手を責めやすい。相手に責任《せきにん》転嫁《てんか》する傾向《けいこう》がある。

陽力・陰力それぞれに、ラッキーカラーの系統が違い、陽力の人は、**洋色**をもとにした護身色《ごしんしょく》となります。生まれ月によって護身色（身を守り運気を高める色）が違います。

陽 —— 太陽、天、男、明、表、時間、肉体（身）、奇数など

生まれ月ごとに、陰陽に共通した基本色の傾向（1月なら赤系。2月なら紫系など）がありますが、**陽力の人は洋色に寄せた色選びで、より護身の効果がパワーアップ**します。

そして、両者に共通の幸運を招くパワーストーンがあります。

服、小物など、身につけるものの色として取り入れてみてください。

できれば、**見える部分に使うとより効果的**です。

パワーストーン	護身色“洋色”	生まれ月
〈ガーネット〉	レッド	1月
〈アメジスト〉	バイオレット	2月
〈アクアマリン〉	ライトブルー	3月
〈ダイヤモンド〉	クリスタル	4月
〈エメラルド〉	グリーン	5月
〈パール〉	ホワイト	6月
〈ルビー〉	マゼンタ	7月
〈ペリドット〉	イエローグリーン	8月
〈サファイヤ〉	サファイヤブルー	9月
〈ピンクトルマリン〉	ピンク	10月
〈トパーズ〉	オレンジ	11月
〈ターコイズ〉	ブルー	12月

陰《いん》

2 4 6 8

「ゆうれい数」の一の位が偶数のあなた
陰力とは〈内側に入る力、とどまる力、静かな動き〉

陰力の特徴

霊的トラブルが **精神面** に出やすい
精神疲労、落ち込みやイライラなどに注意
（気持ちが不安定になりやすい）。
運勢の影響がわかりにくく、
小さな変化の積み重ねとしてじわじわ現れる。
自分を責めて自虐的《じぎゃくてき》になりやすい。

陽力・陰力それぞれに、ラッキーカラーの系統が違い、
陰力の人は、**和色** をもとにした護身色《ごしんしょく》となります。
生まれ月によって護身色（身を守り運気を高める色）が
違います。

陰 —— 月、地、女、暗、裏、空間、精神（心）、偶数など

生まれ月ごとに、陰陽に共通した基本色の傾向（1月なら赤系。2月なら紫系など）がありますが、**陰力の人は和色に寄せた色選びで、より護身の効果がパワーアップ**します。

そして、両者に共通の幸運を招くパワーストーンがあります。

服、小物など、身につけるものの色として取り入れてみてください。

できれば、**見える部分に使うとより効果的**です。

パワーストーン	護身色"和色"	生まれ月
〈ガーネット〉	柘榴色《ざくろいろ》	1月
〈アメジスト〉	菫色《すみれいろ》	2月
〈アクアマリン〉	水色《みずいろ》	3月
〈ダイヤモンド〉	透明《とうめい》 or 金剛光沢色《こんごうこうたくいろ》	4月
〈エメラルド〉	若竹色《わかたけいろ》	5月
〈パール〉	乳白色《にゅうはくしょく》	6月
〈ルビー〉	韓紅色《からくれないいろ》	7月
〈ペリドット〉	若草色《わかくさいろ》	8月
〈サファイヤ〉	瑠璃色《るりいろ》	9月
〈ピンクトルマリン〉	撫子色《なでしこいろ》	10月
〈トパーズ〉	梔子色《くちなしいろ》	11月
〈ターコイズ〉	新橋色《しんばしいろ》	12月

ゆうれい種別の運勢の波

ゆうれい占いでは**幸運のピークの時期を極楽期《ごくらくき》（幸運期《こううんき》）**、逆に**不運のピークの時期を墓場期《はかばき》（辛運期《しんうんき》）**と呼んでいます。

それは、12年ごとに巡ってくる十二支の年で決まります。以下が、それぞれのゆうれい種の極楽期と墓場期、さらに、極楽期の年のなかでもとくに運気が上がる月を極楽月、墓場期の年のなかでもとくに運気が下がる月を墓場月と呼んでいます。

ゆうれい種	極楽期	極楽月	墓場期	墓場月
「生霊命」	辰《たつ》・巳《み》年	4・5月	戌《いぬ》・亥《い》年	10・11月
「浮遊霊命」	寅《とら》・卯《う》年	2・3月	申《さる》・酉《とり》年	8・9月
「地縛霊命」	子《ね》・丑《うし》年	12・1月	午《うま》・未《ひつじ》年	6・7月
「色情霊命」	戌《いぬ》・亥《い》年	10・11月	辰《たつ》・巳《み》年	4・5月
「不成霊命」	申《さる》・酉《とり》年	8・9月	寅《とら》・卯《う》年	2・3月
「因縁霊命」	午《うま》・未《ひつじ》年	6・7月	子《ね》・丑《うし》年	12・1月

墓場期は、ぜひ低級霊を鎮める「鎮霊《ちんれい》」をしてください（具体的なやり方は第二章参照）。運気の低下を食い止める効果があります。

極楽期は、前向きに行動することで、さらによい運気を招き入れることができます。運勢のピークを活かすために、迷いやためらいを捨ててアクティブに行動してみてください。

墓場期の過ごし方

墓場期、なかでも墓場月には、各霊命の護身アイテムや護身色のものを日々できるだけ身につけてください。さらに唐辛子を複数個（なるべく多く）透明な袋に入れたものや唐辛子の飾り物などを外出時は鞄やバッグのなかに入れておくことや、部屋（目の高さより上の見えるところ）に飾っておくことも非常に効果があります。

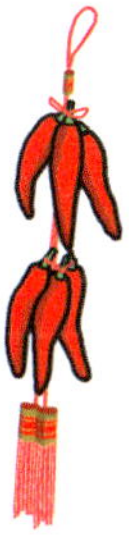

基本的に、墓場期には、新しいことを始めないほうが無難です、とくにＮＧの項目にあることは避けましょう。左記のＯＫの項目なら、墓場期でも大丈夫です。

どうしても墓場期にやらなければいけないことがある場合は、謙虚な気持ちと神仏や身の回りへの感謝を忘れず、より慎重に行なって下さい。また、運気・運勢のよい人と一緒に行動してもらうのもよい方法です。

OK

墓場期でもOK

試験、資格取得、お墓を建てる、離婚、子連れの再婚（バツあり同士）、出産、入院、治療など

NG

墓場期はNG（できるだけ避ける）

結婚（挙式、入籍）、結納、婚約、見合い、同居開始、引っ越し、新築、マンションその他の不動産取得、転職、開店、開業

墓場期を助けてくれるゆうれい種

墓場期といわれる期間は、悪いことが起こると思われがちですが、それは誤りです。墓場期の期間を日本の四季にたとえると、極寒の冬。すべてが凍り付き、場合によっては吹雪になり、身動きもとりにくく、体も思うように動かせない季節。寒さが厳し過ぎて思考までフリーズするような時期です。動物なら冬眠する時期ですが、人は冬眠するわけにもいきません。自然界の法則なので、人にはどうしようもないこともあるのです。しかし、それは、春の芽吹きを待つ準備でもあります。つまり、**充電する期間**ともいえるのです。

「救霊命陣」図

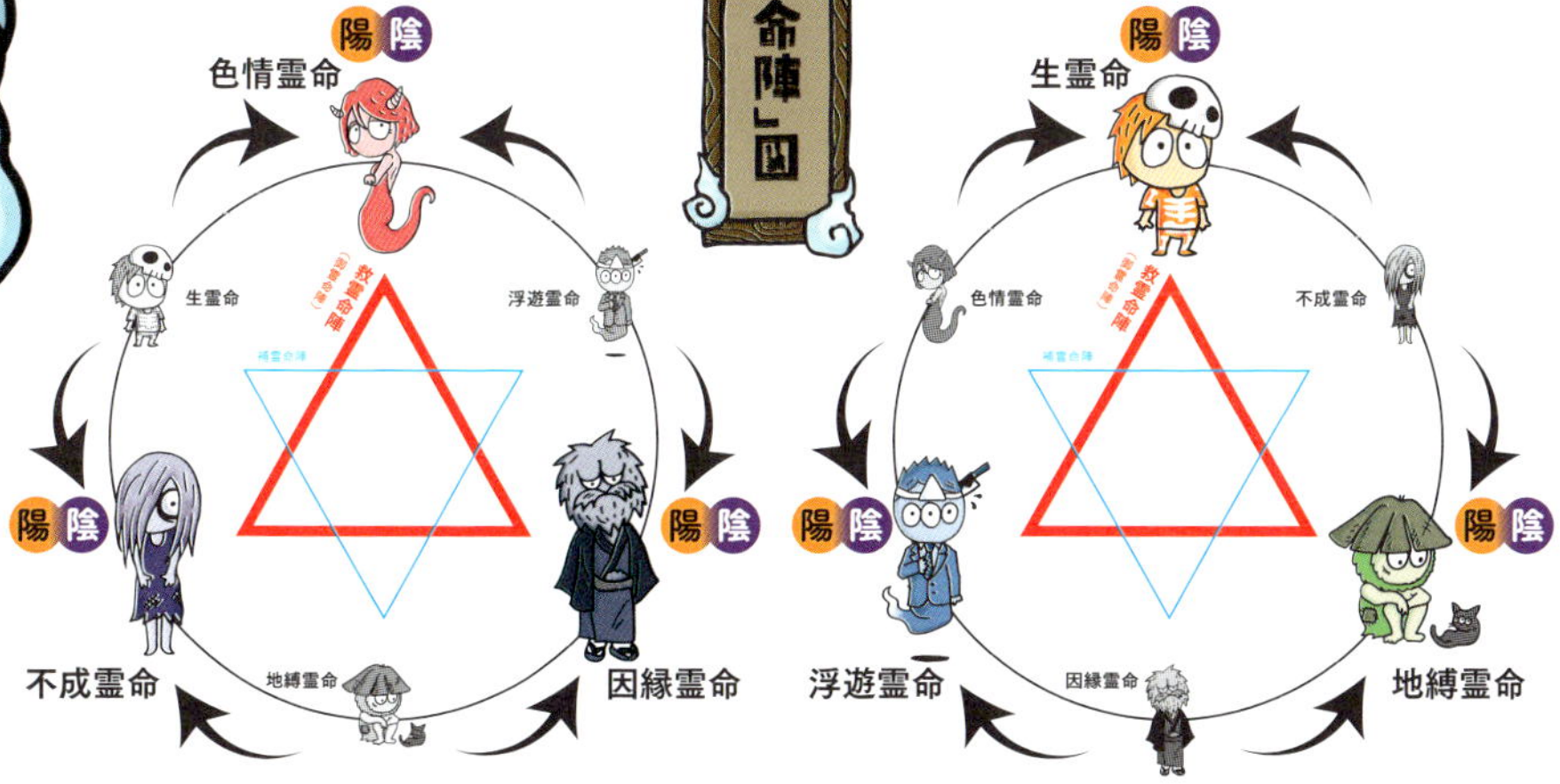

※相手がおなじ霊命同士の場合、陰力の人は陽力の人、陽力の人は陰力の人が救霊命になります。
例：あなたが陽生霊命で、相手もおなじ生霊命だったら、陰生霊命が救霊命となります。

これまでの反省をして次に備える時期、次の新しいことにつながる大切な時期です。

人との関係性（相性）も墓場期に大きな影響を与えます。

墓場期は一般的には心身が不安定になり、運勢も落ち込みやすくなります。トラブルなども起こりやすく、精神も肉体も思うようにならない……。相性をヒントにして乗り越えられるように対処したいものです。

そこで、墓場期の救いの主（救霊命）をお教えします。

六大ゆうれい種の相関図で、自身の位置から三角形で結ばれたゆうれい種、すなわち**御霊命陣**のゆうれい種は、**墓場期のときには「救霊命陣」**となります。運気の悪いときに、「救われる、頼れる、理解してもらえる」という関係です。

ただし、相手が「同じ霊命」の場合には、先ほど述べた「陰陽の別」が関係してきます。同じ霊命の場合に限り、陰力の人に対しては陽力の人、陽力の人に対しては陰力の人が救霊命になります。

墓場期には、救霊命の人と、できるだけ会ったり、話したり、SNSでつながったりして関わりをもつと、楽に過ごしやすくなります。

なお、墓場期には、同じ霊命の陰力同士、陽力同士は傷つけ合うことになり、トラブルが多くなったり、どちらかが過度な負担を背負わせたりすることにもなりがちです。これらを防ぐには**救霊命ではなく**、救霊命陣図の「**両隣の補霊命**（青い三角）」に助けてもらえます。

墓場期にはできれば深く関わらないほうがいい ゆうれい種

逆に墓場期に深く関わるのは、できるだけ避けたほうがよい霊命（避霊命）は、相関図で自分の位置から対極に位置する霊命の人です。これを「避霊《ひれい》命陣」と呼びます。

対極にある霊命は、「避霊命」で、「相性が悪い、理解し合えない、よりダメージを受ける」関係です。

生霊命と因縁霊命、浮遊霊命と不成霊命、地縛霊命と色情霊命。

とくに墓場期には、この霊命同士はトラブルがより多くなったり、気持ちが通じないで批判的になってしまったりします。対立が深まって傷心してしまったり（エネルギーを吸い取られる恐れもあり）、理解されずに関係が悪化したりするので、仕事や恋愛など、家族を含めた人間関係にはとくに要注意です。

こういうことを知っておけば、最悪な結果を招かずにすむので、**ぜひ自分の周りの大切な人たちのことも理解するために知っておいてください。目には見えないことだけに、とても重要です。**

極楽期の人間関係

極楽期のときには、同じ三角形で結ばれた霊命、すなわち「御霊命陣」の人と関わると、さらに運気が上昇します。

陰力同士、陽力同士はさらにパワーアップします。精神的に高め合え、理解しやすく、現実的にも助けてくれるありがたい存在です。ただし、甘えすぎないようにしましょう。

反対の三角形の（両隣と対極にある）「補霊命陣」の人とは、極楽期にもあまり深く関わらないようにしたほうが、せっかくの運気を下げないですみます。

第三章

自分でできる鎮霊・浄化法

お金をかけずに簡単で効果抜群！

真湖流・誰にでもできる鎮霊開運法

「ゆうれい」と聞くだけで、悪霊《あくりょう》や怨霊《おんりょう》といった、まがまがしいものを連想する人は多いでしょう。

第四章の体験談でもご紹介するように、ゆうれいが取りつき、霊障が現れて、私たちの日常生活にさまざまなトラブルを起こすことがあります。霊障とは、とても苦痛で迷惑な現象です。その内容によっては、恐怖でしかありません。

人間関係・社会生活に大きな悪影響を及ぼすこともあり、そうなると、肉体も精神もボロボロになってしまいます。心身の不調や人間関係のトラブルが、霊障によるものとは気づかないまま、本来の姿に戻すことができず、人生そのものを台無しにしてしまうことさえあるのです。

こういうとき、低級霊を一気に取り除こうとすると、かえって害が及ぼされることもあります。そこで、まずは霊を鎮めることをおすすめします。

ゆうれい占いでは、これを文字通り「鎮霊《ちんれい》」と呼んでいます。古来、日本には「たましずめ」という言葉がありますが、これとほぼ同様です。

料金受取人払郵便

豊島局承認

3251

差出有効期間
平成31年6月
19日まで

郵便はがき

1708780

143

東京都豊島区池袋3-9-23

ハート出版

① 書籍注文 係
② ご意見・メッセージ 係（裏面お使い下さい）

〒

ご住所		
お名前		女・男 歳
電　話	− −	

注文書

ご注文には電話番号が必須となりますので、ご記入願います。
お届けは佐川急便の「代金引換」となります。代引送料￥400円。
※書籍代（税込）￥1,500円未満は代引送料が￥750円かかります。離島の場合は日本郵便。

	冊
	冊
	冊

ご愛読ありがとうございます（アンケートにご協力お願い致します）

●ご購入いただいた書籍名は？

●本書を何で知りましたか？

①書店で見て　②新聞広告（紙名　　　　）

③インターネット　④その他（　　　　）

●購入された理由は？

①著者　②タイトル　③興味あるジャンル・内容　④人から薦められて

⑤ネットでの紹介・評価　⑥その他（　　　　）

●購入された書店名は？

区

市

町

ご意見・著者へのメッセージなどございましたらお願い致します

ありがとうございました

※お客様の個人情報は、個人情報に関する法令を遵守し、適正にお取り扱い致します。ご注文いただいた商品の発送、その他お客様へ弊社及び発送代行からの商品・サービスのご案内をお送りすることのみに使用させていただきます。第三者に開示・提供することはありません。

私の勧める鎮霊法は、一般の方がご自分で行なっても、安心・安全な方法です。

鎮霊は除霊とは違います。

霊を除くことは、簡単にできる場合もありますが、難しい場合もあります。病気の部分を切除したら、あとの体のダメージが大きい場合もあるのと同じで、ときには除霊によってダメージを受けてしまうこともあり得ます。

鎮霊とは、取り除くのではなく、そのまま「霊を鎮める」ことです。

除霊が、体の病巣部を取り除く手術のようなものだとすると、鎮霊は、自らの心身やその場を整えてじっくり病気を治していく方法に相当します。

ですから、少し時間がかかることもありますが、心身に負担をかけずに霊を鎮めていくことができるのです。

鎮霊がうまくいくと、やがてはその霊に、自分を助けてくれる味方になってもらうこともできます。

霊であっても縁《えにし》がつながっています。知らず知らず取りついたことにもご縁があるのです。そして、やがて自分を助ける・救う味方になってもらうこともできるのです。霊といえども、そのおかげで助けられる場合も多々あります（第四章でそれに関する私の経験を述べます）。

強い手段で取り除いて、かえってトラブルを招くこともある除霊ではなく、低級霊（幽霊）

を鎮めて高級霊（優霊）に変わっていただく鎮霊を行ないましょう。

同時に、「浄化（お浄《きよ》め）」に努めるのもよい方法です。**浄化も除霊とは違います。**浄化とは、文字通り浄めることですが、その対象は自分自身やその場所です。**霊を攻撃するわけではなく、自分や場の波動を高めて、結果的に低級霊を遠ざける（または成長させる）という方法です。**

鎮霊と浄化はある程度共通した意味合いもあり、「鎮霊・浄化法」とも表現します。

なお、霊障を起こすゆうれいは、必ずしも人を困らせようとか、呪《のろ》って道連れにしようという怨念に満ちているゆうれいだけではありません。

なかには、愛する者や守りたい者、あるいは自分とシンクロする波動を持つ者に、何かを知らせたい、わからせたいという念が、霊障となって現れてしまうこともあるのです。

やさしく心地よい報せでは、人は気づきにくく、苦痛を与えたほうが、人は真剣に向き合うからかもしれません。

このような報せのための霊障に対しても、単純に恐れ、一方的に排除することだけを考えるのではなく、まずは自らできる「鎮霊・浄化」をおすすめします。

その具体的な方法を詳しくご紹介しましょう。

墓場期は鎮霊のチャンス！

人間の目には見えないもの、予測ができないものを恐ろしく思うのは当たり前です。一方、目に見えないはずのものを感じる、まして見えてしまう人もいて、それもまた恐怖を呼びます。第三章で述べた「墓場期」という運気が不安定な時期に入ると、さらに取りつかれることも、見えないものを見てしまう・感じやすくなってしまうこともふえます。

墓場期は、じつはさまざまな占いで**「天中殺《てんちゅうさつ》」と呼んでいる時期**に当たります。天中殺というと、字がおどろおどろしいので、悪いことが起きる恐ろしい時期と思い込みがちですが、それは誤りです。

天中殺は空亡《くうぼう》とも呼ばれ、実際には多くの占いで「天が与えた試練」「何かを気づかせるための時期」「次なる成長のための反省や準備期間」といわれています。

また、自分の思うようになりにくい、行き場のない空間もパワーも欠けた状況ともいわれています。

そして、その期間の過ごし方や努力しだいでは、その後の人生をすばらしい豊かな人生にすることができるのです。

つまり、恐ろしいというより、逆にチャンスの時期でもあるのです。

ゆうれい占いでは、取りつかれてしまった低級霊を浄化・鎮霊するには、墓場期がとくに最適です。

チャンスをつかむために、ゆうれい種別のお浄めアイテムや鎮霊アイテムを使ってみてください。続けていれば、墓場期があけるころには高級霊へと成長させることができるでしょう。成長した高級霊があなたにさらなる幸運を運んでくれるはずです。

各霊命の護身アイテムを日々身につけて行動してみてください。それとともに、もっともっと浄化・鎮霊をしたい人に向けて、各霊命すべてに共通するお浄め法もお教えしましょう。

護身アイテムについて共通の注意

指輪やブレスレットをするのは、「右手？　左手？」と迷う人もいるかもしれません。さまざまな説がありますが、これまでの私の経験上、女性は自分で購入したものは右手に、プレゼントされたものは左手につけると効果的なようです。

男性は迷ったときは、自分で購入したものは左手に、プレゼントされたものは右手につけるとよいでしょう。

結婚指輪に関しては、男女ともに左手の薬指で良いと思います。

ちょっと特別にやってみる！

年に5〜6回ある「天赦日《てんしゃび》」は、鎮霊のタイミングとして最良です。

月の満ち欠けの周期をもとにした、日本独自の太陰暦（旧暦）という暦がありますが、そのなかにあるのが天赦日です。

最上の大吉祥日《きちじょうにち》とされていますから、この日に護身アイテムを自分のために購入したり、プレゼントしたりするのもよいですね。

年に5〜6回しかありませんので、ぜひ逃さずに。

また、自分の生まれ日も大切です。年に1回の誕生日は、いうまでもなく特別な日です。

さらに、毎月の自分の生まれ日も、自分にとって縁日となりますから、ぜひ意識して、護身アイテムのメンテナンスや、月に1度の鎮霊を行なう日などにしてみてください。

鎮霊・浄化法に良いアイテム

【グッズ】

最初に、持つ・飾る・使うなどの方法で簡単に鎮霊・浄化ができるグッズをご紹介します。中でも、私のお勧めは最初にあげる唐辛子です。

唐辛子

唐辛子が中華料理店などに飾られているのを、見たことがある人も多いでしょう。もちろん料理にも使われますし、飾り物として作られたものもたくさんあります。

西洋では、吸血鬼を追い払うには十字架とニンニクを使います。同じように東洋で、ゆうれい（悪霊）を退散させるために用いるのが唐辛子です。

とくに中国では、唐辛子を家の中やさまざまなところにたくさんつるしたりして魔除けにしています。中国では昔から欠かせないもので、赤という色も魔除けの効果があります。

唐辛子は持ち歩きにくいものですが、唐辛子の写真でも強力な護身アイテムとなります。

また、「タカノツメ」といわれる唐辛子を入れた料理を食べるのもいいですね。飾り物の唐辛子も、いろいろなところでカラフルなものが売られています。代表的なのが中華街で、お店に飾ってあるだけでなく、多彩なものが売られています。

高価な物もありますが、お手頃価格の飾り物でかまいません。**持ち歩いたり、部屋に飾ったり**して鎮霊に役立てましょう。

粗塩（天然塩）

塩による浄化法はよく知られています。鎮霊・お浄めの鉄板アイテムといえます。

玄関に盛り塩をしたり、嫌な気分を払うために軽く自分にかけたりして使います。通常は、白の粗塩（天然塩）がよいでしょう。鎮霊の場合は、まず、ごくごく少量を口に入れてください。唐辛子の場合もそうですが、一番効果的なのは、自身の体（肉体）に入れることです。少量でも口に入れることは、効果が絶大であることを知っておいてください。

部屋を浄めるときは、**白い小皿に盛って四隅に置くことで結界《けっかい》が張れます。**つまり、低級霊を鎮霊できます。

普通は白の粗塩で十分ですが、天然塩にもカラー塩があります。もし手に入れば、部屋別に効果的な色の天然塩（次ページ参照）を使って同様にすると、さらにパワーが高まります。ただし、風呂場だけは、全体を湯水で流すので、塩による結界は不向きです。

部屋	塩の色
玄関／トイレ／洗面所／脱衣所	白〈White〉
リビング／キッチン	緑系〈Green〉
和室／仏間	黄系〈Yellow〉
子ども部屋／作業部屋	青系〈Blue〉
寝室	赤系〈Red〉

鈴

鈴の音には、霊を鎮め、清める力があります。よいことを引き寄せる効果もあります。朝、鈴を振ってそのきれいな音（音波という波動）を体に浴びるとよいでしょう。続けることで体がラクになっていきます（朝できない場合は、一日のうちに一度＝夕方16時〜日没までに）。自分でやるほか、玄関で見送るときなどに、その家の女性が家族にやってあげるのも効果的です。

スマホ、携帯電話、財布、カバンなどにつけられる鈴は、護身アイテムにもなります。手持ちの鈴も浄化に役立ちますが、**神社やお寺で入手されるとさらによい**でしょう。神社やお寺では、お祓い・お浄めグッズとして、いくつかの鈴が連なったものが入手できる場合があります。

中でも、最もお勧めなのは、日本最古の神社といわれている奈良県の三輪《みわ》明神「大神神社《おおみわじんじゃ》」で入手できる鈴なり（八つの鈴が連なって振れるようになっているもの）です。

できれば、日の出〜6時ごろまでに、鈴なりの音を頭から肩、背中に降り注がせるようにすると、その効果は絶大です。霊障が強いと感じるときには、試してみるといいかもしれません。

扇

扇《おうぎ》（扇子《せんす》、うちわ）は中国から伝わったものです。日本では、もっぱら夏に風を送って涼をとる道具として使われていますが、もともとはもっと広い用途があります。エアコンや扇風機が普及している現在、ほとんど必要とされませんが、最近では若い人たちのおしゃれグッズとして復活の兆しも感じます。100円ショップでも、さまざまな素敵なものが売られています。

扇は、鎮霊にはとても有効なグッズです。ゆうれいは、なぜか夏になると出てくるイメージがあります。ジョークのように、暑いから怖がらせて寒く感じるように……などといわれることもあり、そこは扇の使われかたと一致しています。

霊といえども自然界のものなので、現世では夏に活発に動きやすいようです。だからこそ、夏に使われる扇は、扇《あお》ぐことで霊を鎮める効果が得られます。

それも扇だからこそ効果があるので、下敷きや厚紙でパタパタするのでは、あまり有効ではないでしょう。

第二章で紹介した護身色（陰の人は「和色」、陽の人は「洋色」）も参考に、ぜひお気に入りの扇をそばにおき、鎮霊に役立ててください。

衣類

総じて「ひもで結ぶ」衣類には鎮霊効果があります。

男性ではふんどしやハチマキ、女性ではエプロン、割烹着など、さらに男女ともに和服プラス風呂敷などです。

これらをつけた姿を、思い描いて見てください。

たとえば、男性は「祭り」、女性は家で家事をしている「お母さん」。どちらもきりりと美しい姿です。別にそれをしなさいと、指図や強制をしているのではありません。ただ、ひもで結ぶ衣類は、そんなふうに自然界の法則に合うことを感じていただきたいのです。

ひもで結ぶものは、魔除けであり、良縁を結ぶものの象徴です。おめでたいことにはつきものです。ひもで結ぶ衣類は面倒臭いと思われがちですが、鎮霊効果は抜群です。

男性も女性も、鎮霊効果だけでなく、ひもで結ぶ衣類を使っていると、恋愛運や結婚運までアップするというオマケ付きです。

貴金属＝宝飾品

金、銀、銅……。まるでオリンピックのメダルのようですが、これらには高い鎮霊効果があります。貴金属や宝飾品には魂が宿っているのです。

自分の持っている貴金属に念を移して、そっとしまっておくことでも鎮霊できるのです。ですから、**ほかの人の使っていた貴金属や宝飾品は、むやみにいただかないことも大事**です。高価なもの、稀少価値のあるものほど、持っている人の念がやどっていることがあります。**いただくなら、新品であることが大切**です。

鎮霊に効果的な宝飾品の例をあげると、今、流行のパワーストーンのブレスレットは最適です。第二章で紹介した護身色も参考に、ご自分にしっくりくるものを使うとよいでしょう。

【アクション】

自分で何かを実践することによる鎮霊・浄化法です。普段、とくに意識しないで行なっていることが、意外と効果的な鎮霊・浄化法になっていることもあるのです。

陰陽のおさらいは
94～99ページ

楽器

とくに弦楽器が効果大。陽力（ゆうれい数の一の位が奇数）・陰力（ゆうれい数の一の位が偶数）によって、次のような弦楽器がお勧めです。

陽力の人＝バイオリン、ギター、ヴィオラ、コントラバス、チェロ、ハープ

陰力の人＝琴、三味線、胡弓

弓矢は魔除けの神事でも使われます。音を出すのが目的でも、弓の原理は同じです。かたい弦《げん》を弾いて音を出す楽器は鎮霊に最適です。

奏でるメロディーも重要ですが、**自ら音を出すことに意味があります。** 美しいメロディーを演奏できたら、さらにすばらしいですね。

弦楽器のほかにも、太鼓、笛、鐘など、日本古来の楽器は、音を聴くだけでも鎮霊効果があります。

歌

歌には、いわゆる流行歌、唱歌、民謡、校歌や社歌、ポップス、シャンソン、ロックなど、数多くのジャンルがあります。

極論すれば、言葉にメロディーをつければすべて歌になります。気持ちが楽になる、落ち着く、元気が出る……など、歌うことで心がポジティブになるなら、どんな歌でも鎮霊効果があります。

＊お子さんを持つお母様へ――子守歌のすすめ

言葉を話し始めるくらいまでの子どもは霊が見えることが多いものです。場合によっては

会話までできます。低級霊の洗脳を受けないよう、愛を込めた母のメロディーとして、ぜひ子守歌を歌ってあげてください。

低級霊に取りつかれると、事故や事件に巻き込まれる恐れがあり、思春期のころの非行や、それ以降の引きこもりなどのトラブルを起こしやすくなります。それを防ぐ一つの方法として、幼少時に子守歌を聞かせることが有効です。

お母さんの歌う子守歌を聞いて育った子どもたちは、世の中に出たとき、メンタルが強く、人間関係もよくなる傾向があります。**子守歌は、子どもたちを低級霊から守り、この世を生き抜く力を与えることができる母から子への贈り物**といえます。ぜひ、赤ちゃんの頃から歌ってあげてください。

舞

国々には、それぞれの舞《まい》や踊り（ダンス）があります。日本の神事でいえば神楽です。また、日本には盆踊りというものもあります。盆踊りは、盆の時期に死者を供養するための行事です。もともとは満月の夜に行なっていたそうです。日本古来の歴史に根ざした鎮霊法といえるでしょう。

地域の盆踊りの際には、ぜひ心を込めて参加して、鎮霊をしてください。

このほかの舞や踊りも鎮霊に役立ちます。神社での神楽を見るだけでも効果があります。

ほうきで掃く

掃除は開運法の一つとして知られていますが、鎮霊法としても効果的です。

とくに、部屋をほうきで掃くことで、鎮霊効果が高まります。部屋を掃くのが無理でしたら、玄関や家の周りなどを掃くだけでも有効です。

「掃除」という字を見てください。「掃く」「除く」という二文字で成り立っています。ゴミだけでなく、邪気を祓って低級霊から身を守ることができます。

掃くことで、魔除けができるのです。まずは、気軽に玄関から掃いてみませんか。

言霊《ことだま》＝言葉

日常の話し言葉はとても大切ですが、ＴＰＯによって、当然、ふさわしい言葉の使い方が変わってきます。とき、場所、相手にふさわしい言葉づかいをすべきなのはもちろんです。

それは、いろいろな意味で身を守ることにつながり、低級霊を寄せつけないガードにもなります。より具体的な言葉での鎮霊は、自らの心（魂）に向かって、ポジティブな言葉を唱えることです。それが言霊となり、鎮霊効果を発揮します。

また、あなたが相手との会話の中で、愛と感謝と思いやりを持った言葉を発すると、相手にも鎮霊効果が届きます。**言霊は自分と相手の両方に作用するほど大きな影響力がある**ことも、覚えておいてください。

【特殊な鎮霊・浄化法】

グッズでもなければ、一般的なアクションとも少し違う特殊な鎮霊・浄化法を以下にご紹介します。このジャンルに含まれる方法は、鎮霊・浄化にとどまらず、美容・健康にも効果バツグンです。

喜《き》怒《ど》哀楽《あいらく》浄化法

感情表現を能動的に行なうことで、体内に閉じ込めたストレスや感情とともに低級霊をデトックス（浄化）する方法。鎮霊法としても効果が高い方法です。

具体例として、

- **大声を出す（笑う、歌うなど）**
- **海に向かって叫ぶ、あるいは山で大声で叫んで、コダマを聞くなど。**

また、たいへん効果的な喜怒哀楽浄化法の一つとして、次項の「涙活《るいかつ》」があります。

涙活

積極的・能動的に涙を流して、心身のデトックスを行なうのが「涙活」です（本書の著者の一人、寺井広樹が開発）。泣ける動画を見たり、音楽を聴いたりして涙を流します。

能動的に涙を流すと、ストレスから解放され、非常にスッキリします。

それが、心身の浄化と、低級霊からの防御に力を発揮するのです。

涙活は、自分のペースで行なえばよいのですが、**週末の夜が最も効果的**です。

さしすせそ浄化法

ここでいう「さしすせそ」は、調味料を指しています。

「さ＝砂糖、し＝塩、す＝酢、せ＝しょうゆ（せうゆ：昔の文字づかい）、そ＝みそ」を意味します。さしすせそ浄化法とは、**調味料を上質な天然のものにすること**です。

食事に気をつける人でも、意外と調味料には無頓着《むとんちゃく》な場合もあります。

調味料は、ときには食品よりも心身に大きな影響を与えます。質のよい自然な調味料を使うことで、心身がデトックスされ、鎮霊にも役立ちます。

○○道浄化法

「道」という字は、「首」と「しんにゅう」から成り立っています。

「首」とは〝人間〟の意味であり、「しんにゅう」は〝止まる〟と〝行く〟という字の組み合わせだといわれています。人間が何度も反復思考して、得られる最高至善のものが「道」だという意味が込められているのです。

例えば、華道、茶道、書道、剣道、柔道などは、実は浄化法としても最高です。鎮霊効果プラス人間を成長させる作用があり、場合によっては、時間をかけて低級霊も成長させることができます。

かつて華道、茶道などは花嫁修業としてたしなまれていたものです。実は、白無垢《しろむく》を着るまでの間の心身の浄化をしていたともいえますね。

現代では必要がないといわれることもありますが、表面的な花嫁修行というだけではなく、本当は深い意味があるのです。とくに、結婚願望がある方、良縁を望まれている方は、**結婚運や財運（金運）を上げる効果もあります。**

独身者も既婚者も月に一回でもいいので、興味の持てる「道」に親しむ機会を作り、できるだけ身につけてはいかがでしょうか。

こうした心身の浄化には、さまざまな恩恵がありますよ。

「魂類」で行なう鎮霊・浄化法

六大ゆうれい種とは少し違った観点として、ここで「魂類《こんるい》」についてご紹介します。より効果的な鎮霊法として、あなたの「魂類」を見分けて行なう方法があるからです。

魂類とは、文字通り**魂の傾向**によって分けたグループです。これは、育った環境などとは無関係に、「なぜか惹《ひ》かれるもの」に関係しています（樹木魂であれば、なぜか木に惹かれるなど）。

◎あなたの魂類（次のページの表をご覧下さい）

あなたの魂類は、**第一章で出した ゆうれい数の一の位の数字** で知ることができます。

◎魂類別の効果的な鎮霊スポット＆アイテム

次のような場所に行ったり、行動をしたり、関係するものを見たり、身近に置いたりしてください。それによって、あなたの魂は心からの幸せと喜びを感じるでしょう。それとともに、自分を浄化し、ついた霊を鎮めることができます。

鎮霊スポット&アイテム

ゆうれい数の一の位▼	魂		鎮霊スポット&アイテム
1	樹木魂《じゅもくこん》		森林浴、大きな木(写真でもOK)
2	草花魂《くさばなこん》		花畑、観葉植物、生花、プリザーブドフラワー
3	太陽魂《たいようこん》		日光浴、スポットライトなどの強い光、炎(写真でもOK)
4	月光魂《げっこうこん》		月光浴(とくに十三夜~十五夜)、プラネタリウム、キャンドル、街灯
5	山脈魂《さんみゃくこん》		登山、富士山などの山を眺める(写真でもOK)
6	大地魂《だいちこん》		田畑、草原、陶芸、公園、庭園
7	鉄鉱魂《てっこうこん》		金属、飛行機、高層ビル、タワー(写真でもOK)
8	宝石魂《ほうせきこん》	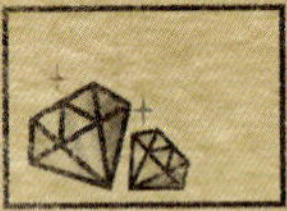	貴金属、原石、原石が採れるところ、光って見える建物、宝石
9	海河魂《かいがこん》		海水浴、大河、船に乗る、湖を眺める(写真でもOK)
0	雨水魂《うすいこん》		雨天、雪、雫、涙、ミネラルウォーター

魂類で理想的な結婚の相性がわかる

魂類によって結婚の相性を見ることができます。結婚するのに最高の相性は以下の魂類の組み合わせです。

大地魂	樹木魂
宝石魂	太陽魂
雨水魂	山脈魂
草花魂	鉄鉱魂
月光魂	海河魂

該当するカップルの皆様、おめでとうございます！

＝ハートマークのゆうれい
相性のよい組み合わせに多く見られる

では、それ以外の組み合わせのカップルは!?　結婚がいけないわけではありませんが、相性のよい組み合わせよりはお互いの努力が必要になります。

本書をもう一度読み直して、お互い理解し合えるよう、努めてみてくださいね。より鎮霊・浄化を心がけることも、幸せを招くことにつながります。

なお、**それぞれの魂類の人がプロポーズする場合、自分の魂類の鎮霊スポット**（樹木魂の人なら森林や大きな木のあるところなど）**で行なうと、プロポーズの成功率が高まるとともに、結婚後の幸運を引き寄せやすくなります。**

六大ゆうれい種のなかの**恋愛上手は「生霊命」と「色情霊命」。**恋多き人生を送れます。でもその分、恋愛関係のトラブルにも多く見舞われます。

そして、重要なのは、恋愛を楽しめることと、結婚して幸せになることとは別だということです。

占いでは「恋愛運」と「結婚運」は、ひとくくりになっているものも多いのですが、ゆうれい占いでは別々の運勢として考えます。

なぜならば、恋愛はお互いの関係だけを考えればよいのですが、結婚は先祖〜子孫の血のつながりに影響するからです。

籍を入れる・入れない、同居・別居……など、結婚といっても、いまやさまざまな考え方やスタイルがあります。しかし、伴侶、パートナーとして関わっていく以上は、恋愛とは比較にならないほど、相手との関わりは深く、影響も大きくなります。

しかも恋愛なら、場合によっては次々と相手が変わることもありますが、結婚相手は次々と……というわけにはいきませんよね。それだけに、結婚は人間のさらに深いところ、魂類という魂（たましい）の相性もよい相手であるかどうかが、とても大切なポイントになるのです。人生百年時代となればなおさらです。

結婚を考えるなら、ぜひ、より深い部分の魂の相性を知っていただきたいのです。

恋愛において、低級霊が取りついたままでいると、低級霊同士が引き寄せ合ってしまうことがとても多いのです。良縁だと勘違いしたまま結婚してしまうと、とても苦しい結婚生活になってしまう可能性もあります。

自分の人生も相手の人生も台無しにするばかりか、子孫にまで悪影響を及ぼすこととなり、悲しく辛い結果を背負わせることになるのです。

独身の方は、ぜひ浄化・鎮霊を心がけて、最高の良縁を引き寄せてください。

この章の最後に当たり、読者の皆様のお幸せを心からお祈りいたします！

ゆうれいCOLUMN

ゆうれいが今を生きる私たちに伝えようとしているもの

人は何にせよ、失ってみて初めて(改めて)その大切さを知るといわれています。
しかし、できることなら失ってみてわかるより、日々当たり前のことにも、愛や感謝の気持ちを持ち続けられるといいですね。

大切な人を突然失い、二度と会えなくなってしまって、「『ゆうれい』でもいいから会いたい」と、泣きすがられたことがあります。

生きているうちに、大切な人へ、愛と感謝をできるだけ伝えたいものです。

ゆうれいは、私たちにそれを教えてくれているのかもしれません。

ゆうれいは、あなたの目には見えない魂をうつし鏡にして、いろいろなことを伝えようとしてくれているのかも。
この世の一度限りの人生を、愛と感謝、そして勇気をもって、幸せに生きましょう。
自分自身の体、心、そして命(魂)を大切にしてあげてください。

第四章

取りつかれたのち、浄化・開運！ゆうれい種別・驚きの霊体験談

本書の執筆中、まさに鎮霊で幸運を引き寄せた方から連絡が…！

本章では、幽霊に取りつかれてさまざまなトラブルに巻き込まれたものの、鎮霊（浄化）に努めて、見事に霊を鎮めることに成功した実例をご紹介します。

基本的に、六大ゆうれい種それぞれの実例をあげたいと思いますが、その前に、まずは私自身もごく最近、報告を受けたある実例をご紹介させていただきます。

それは20代の女性、Nさんの例です（ゆうれい種は「生霊命」）。まさに本書の執筆中に、Nさんからメールが入りました。それによって、私はNさんの鎮霊がうまくいき、彼女が光輝く幸福の道を歩み始めたことを知ったのです。

大勢の人を占ってきて、鎮霊法も指導してきた私ですが、ちょうど本書の執筆中でもあり、本当に感動しました。それで、本章の最初に、ぜひ読者の皆様とその感動をシェアできればと思った次第です。

Nさんの実例のあとは、六大ゆうれい種それぞれの実例を、過去の体験からピックアップしてご紹介しましょう。年齢・性別はさまざまですが、ぜひ参考にしてみてください。

20代・OL・Nさん「生霊命」
不倫の泥沼に踏み込んだ原因は生霊命だった。

さまざまな鎮霊法で不倫を解消し、素敵な彼と結婚

Nさんは、小柄で華奢《きゃしゃ》な、支えたくなるようなタイプの女性です。高校を卒業後、大手企業のOLとなり、ご家族も大喜びでした。Nさんは初めて地元を離れ、社員寮に入ることになりました。そして、新生活に胸を膨らませていたのです。

しかし、期待していた生活は、会社と寮の往復だけで友人もできず、淋しいものでした。結局、Nさんは半年で会社を辞め、地元に戻ったのです。

実家での生活は居心地がよかったのですが、やはり仕事にも恋愛にも憧れ、アルバイトを始めました。しばらくして、「アルバイトをいつまでも続けていてもしかたない」と、先行きの不安から就職したのですが、長くは続かず、転職を繰り返しました。

そのうちに、ようやく正社員として落ち着いて働ける職場がみつかり、彼もできました。それからまもなく、友人から「占いに行ってみない?」と誘われ、仕事や、結婚したいと思っている彼のことを占ってもらいたいと、私のところにみえたのでした。

その占いでは、Nさんにとって、今でも忘れられない2つの結果が出ました。一つは「今の彼とは結ばれない」ということ、もう一つは「不倫の暗示」でした。

Nさんは、「そんなことは絶対にありえない。この占い師（私）は当たらない」と、心の中で思っていたそうです。しかし、それから半年後、Nさんは、彼と別れ、あり得ないはずの不倫をしてしまうことになったのです。

再び私の元にNさんから連絡がきました。久々にお会いしたNさんは、一段と女性らしく、魅力的になっていました。Nさんは、占い通りになったことの驚きを熱く語られました。そして、「前の彼との破局は納得できるとしても、自分が不倫をしてしまっていることが信じられない。それでも、今の彼とは別れたくない。できれば結婚を望んでいる」と、切実な思いを、私に話してくれました。

不倫相手は会社の上司でした。そのこともあって、話は仕事のことにも及びました。

Nさん自身はまったく気づいていませんでしたが、じつは、彼女には生霊命がついていました。それは、過去に仲のよかった女友達の生霊命でした。その霊障《れいしょう》によって、若いころは、とくに仕事も恋愛も思うようにいきにくかったのです。さらには、不倫という泥沼へ踏み込むことになってしまいました。

すぐに別れることはできない状況でしたので、ゆっくりと鎮霊していくことにしました。

Nさんだけでなく、不倫相手の彼も結婚を望んでいるようでしたが、私には2人が結ばれないことがわかっていました。同時に、別れることでNさんが相当のダメージを受けることもわかっていたので、何としてもそれは避けたかったのです。

そのためには、鎮霊が必要でした。それができれば、Nさんは不倫から逃れることができ、最良の結婚相手が必ず現れると確信していました。

私が鎮霊の提案をすると、Nさんは素直に従ってくれました。髪を短くし、両耳には小さなイヤリングをするようになりました。そして、外出時には護身色（96〜99ページ参照）の帽子を被ってもらいました。

さらに鈴での鎮霊法や喜怒哀楽浄化（124ページ参照）、さしすせそ浄化（125ページ参照）などを実践してもらいました。すると、始めてから二年後、不倫相手と別れることができ、驚くことに同時に新しい彼もできたのです。まもなく結婚も決まりました。

今、この原稿を書いている私のもとに、結婚式の報告と幸せ一杯の写真付きメールが届きました。私も本当にうれしく、涙がこぼれました。田舎で暮らしていたNさん。今ではセレブが住む街で、豊かで楽しい日々をゆったりと送られています。

鎮霊は、霊も人もやさしく鎮め、ゆっくりと幸せへと導いてくれるのです。

Nさん本当におめでとう。いつまでもお幸せにね！

10代・女子高校生・Kさん「生霊命」生霊命に取りつかれ、つき合う男性が不幸に。

髪型やヘアグッズを使った鎮霊法で解決

おとなしい清楚《せいそ》な身なりで、見るからに「育ちのよいお嬢様」という雰囲気のKさん。通学は車で送り迎えをしてもらっていましたが、「電車やバスにも乗ってみたい」と思い始め、ときおり電車などで通うように。やがて、友人と一緒に通学することが楽しくなり、両親にそう言って、電車、バス通学を続けることになりました。

楽しく通学するうちに、電車でいつも見かける男子学生グループのイケメンO君から「つき合って欲しい」と告白されました。とても素敵な人だったので、Kさんはお友達としてOKしました。友達からも「あのかっこいい、イケメンに告白された」とうらやましがられ、悪い気はしなかったのです。

学校帰りに待ち合わせて、初デート。公園を散歩し、いろいろ話して帰宅。ところが母親から「帰りが遅い」と注意されてしまい、デートとは言えずにほかの理由をつけて隠しました。そんなことが数回重なると、隠しきれずにデートをしていることが知られてしまい、「男性とつき合うのは早い」と、きつく叱られてしまったのです。

そのことをO君に話して、「これ以上はおつき合いできないので、ごめんなさい」と謝り、お別れすることに。「どうしても別れたくない」と言うO君を避けるために、再び車で送り迎えをしてもらうようになりました。

二週間が経ったころ、以前一緒に電車通学していた友達から、大変なことを聞かされました。O君と一緒にいたグループの男子学生から、O君が自殺未遂をはかり、休学中だと聞いたというのです。

Kさんは、自分にはどうにもできず、本当に辛い思いで過ごしていました。そのころ、女友達からも冷たい目で見られているように感じたそうです。

その後、大学へ進学し、何とか自分を取り戻しました。すると、長身でイケメンの男子学生H君から、突然告白されました。以前のようにならないように両親にも話すと、「優秀な大学だし、節度を持ったおつき合いをするなら」ということで許してもらい、楽しい学生生活を送るようになりました。

やがて、H君は中型二輪免許を取りました。そしてある日、交通事故にあってしまったのです。命に別状はなかったとはいえ、半月以上の入院という大事になりました。H君が入院した病院は、Kさんが通う大学のすぐ近くでした。

Kさんは、毎日お見舞いに行きました。そしてH君が退院することになったとき、Kさんは、うれしいはずなのに、なぜか心から喜べない不思議な気持ちになったそうです。

それから少したったある日、今度は社会人男性のS君から告白されました。とてもやさしく、頼りがいがありそうな大人の男性でした。Kさんが、「現在彼（H君）がいるから」と正直に話すと、「それなら待つ」とまで言われてしまいました。

事故での入院で勉学の遅れたH君は、それを取り戻すため忙しく、会う機会も減ってしまいました。行き違いやすれ違いも重なって、結局、H君とはお別れすることになってしまいました。

しばらくして、S君とのおつき合いが始まり、彼とはドライブに行くことが多くなりました。ところがある日、彼もまた交通事故にあってしまったのです。入院先の病院を聞いたKさんは驚きました。H君と同じ病院、しかも同じ病室だったのです。

Kさんはサーッと血の気が引く感覚になったそうです。S君も命には別状ありませんでしたが、長い入院になったそうです。

わずか数年間で、自分とおつき合いした3人の男性のうち、1人が自殺未遂、他の2人がたて続けの交通事故……。「これはただ事ではない。何かおかしい。怖い。このさき幸せになれないかもしれない」という恐怖でいっぱいになったKさんは、私のもとに相談に来られ、鑑定となりました。

Kさんは、ゆうれい占いでは「生霊命」です。くわしく鑑定すると、Kさんには生霊が取りついていることが判明しました。最初は女性の生霊で、彼女の友人の1人でした。Kさんは男性からとても好まれる容姿や振る舞いでしたので、それを嫉妬する思いが霊になって取りついていたのです。

さらに、この女性は、自殺未遂をしたO君に好意を持っていたことも後になってわかりました。それだけに、Kさんに対する悪意は相当強いものだったのです。しかし、この女性の生霊は、Kさんが大学に入るころになると離れていったことがわかりました。

次に、Kさんには自殺未遂をしたO君の生霊も取りついていたことが判明しました。それで、Kさんに告白した男性が次々と交通事故にあい、その結果、別れることになったのでした。

その後、Kさんは退学し、引きこもりがちになってしまいました。鑑定の結果、Kさん本人の希望もあり、ただちに鎮霊を行なうことにしました。

自分でできる鎮霊も併せて行なってもらいました。「生霊命」は女性の場合、髪がポイントなになります。髪型をショートヘアにするか、ロングの人はセミロングくらいにカットする、または天然素材でできたきれいな髪飾りを使うと効果的です。

さらに、ブラシやプラスチックの櫛《くし》ではなく、つげの櫛を使って髪をとくことがお祓いになります。Kさんはロングだった髪をセミロングにされ、つげの櫛での髪の手入れを、毎日実行しました。また、きれいな天然石をあしらった髪飾りも使うようにしました。

それから、特殊な鎮霊法もおすすめしました。お母様とも相談し、「できるだけのことはやっていく」ということになり、「〇〇道鎮霊法（126ページ参照）」を行なったのです。Kさんは、茶道・華道・書道のお稽古を始めました。きっかけは私からの勧めでしたが、楽しみながら続けていたようです。

その結果、Kさんは元気を取り戻し、もと通りのお嬢様の雰囲気に戻りました。ちなみに、鎮霊法として行なった茶道・華道・書道は、その後も続け、いつのまにかお免状まで取得していました。

今では結婚し、二人の子宝（男子、女子）にも恵まれ、幸せに暮らしています。

30代・男性・会社員・Sさん「浮遊霊命」面白半分で行った心霊スポットでついた浮遊霊命。

靴の新調やお酒・調味料でのお浄めで鎮霊に成功

Sさんは背が高くて男前。スポーツ万能で自信に満ちた男性なので、女性にもとてもモテます。ところが、結婚直前で恋人と別れるということが何度もありました。

当初、本人は、性格の不一致や価値観の違いなどが原因なので、「結婚後に気づいて離婚に至るよりもまし」と思っていたようです。しかし、それが何度も続くうち、しだいに周りからは、「ちょっとおかしい。あれだけモテる男が結婚できないのは、性格が悪いか、変な性癖があるのでは?」とまで陰口を言われるようになりました。それで、Sさんのご両親まで心配し始めたのです。

見かねた女性友達の一人が、「もしかすると何か別の原因があるのでは?」と、相談にのってくれたそうです。その女性友達は、「霊感があるらしい」と周囲から噂がたつ人で、そのような人から相談にのろうと言われるのなら、「本当に何かその種の原因があるのではないか」と、しだいにSさんも考えるようになったといいます。

とはいえ、その友達は占い師でもないので、表面的な相談はさせてもらったものの、やはり深い話まではできなかったようです。

そんなことも影響して、霊的なことに少し関心を抱くようになり、知人からの紹介で私のもとにみえました。「どうして自分は結婚までこぎつけられないのか」と、考え込んでおられましたので鑑定をしました。

ゆうれい占いでは、Sさんは「浮遊霊命」です。Sさんにいくつかの質問をしていき、返答をいただいたなかに、「20代半ばのころ、男友達と、霊が出るという噂がある場所で、ふざけて写真を撮ったことがある」というエピソードが出てきました。

Sさんは、自分は体力には自信があるし、そんな霊の存在すら否定的で、弱気な友人達を笑っていたと、そのときのことを語ってくれました。

しかし、仲間の前では平気なふりをしていたものの、実のところ心の中では、その場所で恐怖と、妙な寒気を感じていたそうです。

さらにデジカメで撮った写真を見てみると、不気味なものが写っていて、気持ちが悪いと仲間が騒ぐなか、自分としては平気なふりをしながらも、内心では怖くなって写真をその場で消去したそうです。

あとからわかったのですが、写真を撮った場所は、女性の霊が浮遊霊となって漂《ただよ》っている心霊スポットだったのです。

鑑定していくと、Sさんが結婚直前で別れることが続いていたのは、このときの浮遊霊命の仕業によるものだと判明しました。

Sさんが両親や友人達にそのことを話すと、皆、「信じられないが、そういうこともあるものなのか」と納得し、同時にそれまでの変な噂も誤解だったとわかってもらえたようで、Sさんは「救われた」とうれしそうでした。

幸せな結婚を望んでいましたので、浮遊霊命の鎮霊のために、靴を新調していただき、日本酒を捧げ、お浄めをしました。その後、同居のお母様の協力も得て、調味料を天然のものにしたり、心を込めて仏壇に手を合わせたりして鎮霊を続けました。

さらに、鎮霊法として、定期的に「涙活《るいかつ》（125ページ参照）」も行なっていたところ、相性のよい女性と知り合うことができました。

おつき合いが順調に進み、それまでのように別れることもなく、無事に幸せな結婚ができたのです。

30代・主婦・Rさん「地縛霊命」
破格値で手に入れた土地には地縛霊命がいた。

アクセサリーや天然塩でできる鎮霊法で解決

Rさんはもの静かで品のいい女性です。結婚し、念願だったマイホームを建てることになり、土地を購入しました。

とても破格な金額でしたので、「何か理由があるのでは?」と少し気にはなりましたが、場所や条件もよく、タイミング的にもちょうどよかったので、そのまま話を進めました。

マイホームを建てるにあたって、住宅ローンやその返済計画を立てながら、間取りや内装などを考えるのも楽しく、夢と希望を膨らませていったのです。

土地に関しては、「地鎮祭などもすませたから大丈夫」と、具体的なことが進み始めてからはあまり気にせず、安心しきっていたそうです。何よりも、「これでマイホームが持てる」という喜びのほうが大きかったとのことです。

念願のマイホームができ、家族全員で感激しながら引っ越しの日を迎えました。引っ越しが無事に終わり、夢のマイホーム生活が始まって、Rさんも家族も幸せを実感していました。

ところが、住み始めてまもなく、家族に異変が起こり始めました。子供達の様子がおかしくなったのです。突然奇声をあげたり、暴力的になったりして情緒不安定になり、手に負えないほどでした。

学校の先生からも注意され、たびたび呼び出され、Rさんは困り果てました。さらに、精神的な病ではないかとも言われ、専門機関へも相談に行ったそうです。しかし、相談はできても解決には至らず、家族はますます苦しみの渦へ巻き込まれていったのです。

そのうち、子供達が「家にゆうれいがいる」「ゆうれいを見た」と騒ぎ始めました。Rさんは、「まさかゆうれいなんて。何を言っているの」と否定しながら、子供達の頭が本当におかしくなってしまったのではないかと悩みました。

やがて、Rさん自身の心身にも異変が起こり始め、どんどん体調が悪くなって、家事さえもできなくなってしまったそうです。さらに、普段から霊など信じない夫までが、「家で霊のようなものを見た」と、真剣に訴え始めたのでした。

Rさんは家にいることが恐ろしくなり、深刻に悩み、困り果てた末、知人の女性から霊能者を紹介されて見てもらいました。

すると、「その土地は霊の通り道だから、いろんな霊がいる」と言われたそうです。最初は4～5千円で鑑定と簡単な除霊をしてもらいましたが、それでは除霊しきれていないので、

「さらに200万円出せばきちんとした除霊ができる」と言われました。

Rさんは何としてでも元の幸せを取り戻したいと思いましたが、すでにマイホーム購入で貯金を使っていましたので、そのようなまとまったお金はありませんでした。そこで実家に相談すると、両親も何とかしてあげたいと、200万円を用意してくれました。

そのことは、心配をかけないように夫には内緒にしていたのですが、今後のことを話し合ううちに知られてしまい、「そんな大金は出さなくてもよい。おかしいだろう」と大反対されました。

Rさんは、除霊できなければ大変な事になってしまうと、夫に懇願しましたが、聞き入れてもらえませんでした。夫に反対されたRさんも、冷静になって考えてみると、「もし200万円でも除霊ができなかったら、次々とお金を出し続けなければならなくなるかも」と不安になり、その除霊は断ることにしました。

そして最終的に、別の知人の紹介で私のところに相談に来られたのです。

Rさんは、ゆうれい占いでは「地縛霊命」です。ひと通りお話を伺い、これは地縛霊命の仕業だと判断できましたので、Rさん自身でできる鎮霊方法を伝授しました。

「地縛霊命」の人の護身アイテムである輝きのあるネックレスやパワーストーンのブレスレットをつけることや、家に天然塩の盛り塩をすること、唐辛子を飾ることなどをおすすめしたのです。

また、本来は家にいることが多かったRさんですが、普段、ほとんどエプロンはしていませんでした。しかし、土地の地縛霊命が取りついている場合、護身色（96～99ページ参照）のエプロンはよい鎮霊・浄化法になります（119ページ参照）。そこで、毎日、護身色のエプロンを付けて生活してもらいました。

これらの方法には、ほとんどお金がかからないので、Rさんはとても驚かれ、「本当にこれで大丈夫ですか」と、何度も確認されました。

私は、「絶対とは言い切れませんが、かなり高い確率で効果があります。そして、心を込めて日々続けることが大切です」と話しました。

鎮霊の結果、お金をかけずに、Rさん自らの力で霊を鎮めることができました。

もちろん子供の問題行動も治まり、ご夫婦仲もとてもよくなって、以前よりも幸せになったと、Rさんは満面の笑顔で話してくれました。

20代・女性・看護師・Jさん「色情霊命」モテ始めたのは色情霊命の仕業で金銭トラブルに。

爪切りなどの鎮霊法で解決して素敵な彼ができた

子供のころから看護師になることを夢みていたというJさん。大人になってその夢をかなえ、看護師さんになりました。見るからに白衣の天使という言葉がぴったりで、友人も多く、皆からも慕われる心やさしい女性です。

看護師として、忙しく働く日々は充実していましたが、心の奥にはひとつの悩みを抱えていました。顔についてのコンプレックスが強く、看護師さんはあまり化粧をしないこともあり、自信が持てずにいたのです。

Jさんの友人のなかには、すでに結婚し、子宝に恵まれた人もいました。Jさんの毎日は、看護師になれた喜びと希望で満たされていましたが、ふとした瞬間、友人の恋愛・結婚話への羨ましさを感じることもあったのです。

しかし、看護師としての多忙さから、恋愛とは遠い生活になっていました。ドラマや映画でよくあるような、素敵な患者さんとの運命的な出会いからの恋愛。そういうものに期待する気持ちもありましたが、患者さんは高齢者が多く、恋愛対象にならないのが現実でした。そんな夢物語はないのだと諦めていたある日、友人から合コンに誘われたのです。「もしかしたら恋人ができるかも……」。そんな期待感とワクワク感に包まれ、Jさんは友人と合コン場所の居酒屋へ行きました。

店に着き、店内に入ろうとしたとき、合コンのメンバーらしい男性数名と、入口でぶつかってしまいました。「すみません」と頭を下げたとき、1人の男性と目が合ったそうです。Jさんにとって、特別好みのタイプでもなかったので、そのときはさほど気にとめなかったといいます。

合コンは、自己紹介から始まり、近くの席の人との会話、それから軽いゲームを楽しんだあと、気になる人との連絡先の交換となりました。

Jさんは入口で目が合った男性から、SNSの連絡先の交換を申し込まれ、「合コンだから、こういう流れが当たり前かな」とあまり深く考えず、交換に応じました。

すると他の男性のほとんどからも、同じように連絡先の交換を求められたのでした。Jさんは大きな驚きを感じるとともに、「こんなにモテたのは初めて」と、夢気分になったそうです。

友人達も思い思いの相手と連絡先を交換し、楽しかったと喜んでいましたが、それ以上にJさんのモテぶりには驚いていたとのことでした。Jさん自身も、そのようにモテたのは、「看護師という職業が関係しているのだろうか。自分はそれほど美人でもないのに」と不思議だったそうです。

その後Jさんは、忙しい仕事の合間に、連絡先を交換した男性一人一人の性格などを知ろうと、SNSでやりとりしたり、電話で話したりしたそうです。結果的に、合コン会場の入口で目が合った男性の、押しの強さに負けるような形で、その人とおつき合いをすることになったのでした。

当初はデートを楽しんでいましたが、つき合い始めて3ヵ月めごろ、彼からお金を貸して欲しいと懇願されました。彼の「必ず返すから」という言葉や、それほどの大金ではなかったこと、少し貯金もあったことから、Jさんは貸すことにしました。

ところが、それ以降、次々と彼からのお金の要求が続いたのです。おかしいと気づいたJさんは、「お金を返して欲しい」と訴えましたが、彼の返答は、「別れなければ返すから」というおかしなものでした。

困り果て、落ち込んだJさんは、一緒に合コンに行った友人に相談しました。ところが、その友人から、「いい気になってるからそんな目にあうのよ」と暴言を浴びせられ、助言を得るどころか、逆に罵倒されて深く傷ついたのでした。

落ち込む日々のなか、たまたま古い友人と会った折に、占いの話となり、彼女から紹介されて私のところに相談にみえました。

ゆうれい占いでは、Ｊさんは「色情霊命」です。鑑定したところ、やはり色情霊命が取りついていることが判明しました。そのため、とてもモテるようになる半面、よくない男性が寄ってきてしまうのでした。

対策を教えて欲しいとのことでしたので、まず、看護師としてはやや長めだった爪を短く切るように勧めました。そのほか、小さな爪切りを護身アイテムとして持ち歩くこと、ご両親と自分の写真を持ち歩くか、部屋に飾ることなどの鎮霊法をお伝えしました。

鎮霊を行なってから数ヵ月後に、Ｊさんのお金は、全額ではありませんが返してもらえ、無事にその彼と別れることができました。

まもなく、「とても素敵な恋人ができた」と涙ながらに喜ばれていました。来年、ご結婚されるそうです。

20代・OL・Mさん「不成霊命」旅行中に突然襲ってきた不成霊命。

粗塩や香りを用いた鎮霊法で治まった

OLになって、やっと貯金もできるようになったMさんは、親友と2人で、夜景がきれいな関西の観光地への旅行を計画しました。

この旅行に出る日、Mさんはふと、普段は持ち歩かないお守りを持って出たそうです。

二泊三日の旅の初日は、おいしい料理やショッピングを楽しみ、おしゃれな街並を親友とおしゃべりしながらそぞろ歩きをし、楽しく過ごしました。

二日目は、憧れていた美しい夜景が見える有名ホテルへの宿泊です。最後は少し贅沢をしようと、ホテルでの豪華ディナーを予約してありました。旅の締めくくりに、夜景とディナーを楽しみながら、「天候にも恵まれてよかったね」と話す二人。

ところが、そのとき、突然雷鳴が起こり、あっというまに大雨となりました。あまりの変化の早さに、二人で驚いたそうです。そういう場面はドラマでは見たことがあっても、現実にこれほどの天候の急変に直面したのは初めてで、少し恐ろしく感じたといいます。

部屋に戻り、入浴をすませたあとも妙に恐怖感が残っていたMさんは、荷物を整理しながら、お守りをパジャマのポケットに入れたそうです。雨は依然、降り続いていました。

楽しかった旅行の時間はあっという間に過ぎ、明日はもう帰る日です。ベッドに横になった二人は、「このまま眠ってしまうのはもったいない」と、旅の思い出を語り合っていました。しかし、そのうちに気づくと、友人は眠っていました。

自分も、もう寝ようと思いながらも、何となく眠れなくなってしまったMさん。ツインベッドで部屋も広く、とても居心地がいいはずなのに、目を閉じても何となく寝苦しさを感じます。何度も寝返りをうちながら、全く眠りにつけず、かえって目が冴えてきました。友人を見ると、気持ち良さそうに眠っています。

ふと、Mさんは強烈な不安感に襲われました。その瞬間、何かが忍び寄ってくる気配を感じ、足元から何かが一気にのしかかってきた感じがしました。声をあげたくても、「助けてえっ」と叫びたくても声が出ません。体が動かないなか、かろうじて視線だけ横に向けると、友人は眠ったままでした。

「このまま、私はどうなるのだろう」とMさんが恐怖におののいていると、白く丸い物体が尾を引きながら、部屋の隅から天井に向かって、ヒューッと昇っていくのが目に入り、Mさんは心の中で悲鳴をあげました。

気がつくと、子供らしき人影が現れ、また足元から重みを感じてきました。Mさんが覚えていたのはここまでだったそうです。気を失ってしまったのか、気がつくと朝になっていて、金縛りは解けていたといいます。そのときも、友人はまだ眠っていたそうです。

あまりの恐怖で、その夜のことは友人にも話せなかったとのことです。

その後、Mさんは、周りに誰もいないのに子供の声が聞こえたり、妙な気配を感じたりすることが続き、体調も悪くなって会社も休みがちになりました。

知人の紹介で私のところにご相談にみえたMさんは、くわしく鑑定しましたら不成霊命がついていることがわかりました。

そこで、粗塩を用いたお浄めをはじめ、香り（お香）、におい袋などによる護身と鎮霊を行ないました。また、唐辛子を小さなポーチに入れ、必ずバッグに入れて外出するようにしました。部屋にも唐辛子を飾っておきました（114ページ参照）。

これらの結果、無事に霊を鎮めることができたのです。Mさんを恐怖に陥れていた現象は消え、体調も回復しました。仕事にも復帰し、元気に過ごしています。

40代・女性・個人事業主・Aさん「因縁霊命」因縁霊命がついて壮絶な人生を歩むことに。

数々の鎮霊法で明るい幸せな暮らしを取り戻せた

Aさんのご両親は、おいしいと評判の和食店を経営されていました。お店は繁盛していて、幼いころからAさんは、経済的には恵まれていました。

Aさんは、足に生まれつきのごく軽い障害があったものの、生活するには支障なく、明朗な性格で人気者でした。また、年の離れた弟もできて、Aさんはとてもかわいがっていました。そんなごく普通の家族でしたが、「因縁霊命」のAさんは、その後、波乱の人生へと踏み出すことになります。

因縁霊命に取りつかれると、一族や家系のさまざまな問題が、霊障として強く出てしまうのです。Aさんの人生は、その典型ともいえます。これから語る内容は、まるでサスペンスドラマのようですが、もちろん全て現実の話です。

Aさんの弟が3歳になったとき、思いもよらない不幸が一家を襲います。母親が自殺をしてしまったのです。そのころ、Aさんは高校を中退し、家を出て、遠い地域で暮らしていました。

母親の死を知らされ、実家へ駆けつけたAさんは、親戚から、母親が自ら命を絶ったのは、Aさんが非行に走ったことを苦にしたからだと責められました。突然の悲しみに追い討ちをかけられたAさんは、精神的にどん底の状態でした。

実は、Aさんが家を出た原因は、父親から受け続けた理由なき虐待だったのです。Aさんの腕には、煙草《たばこ》を押し付けられた火傷《やけど》の跡が、今でも数えきれないほど残っています。その痕から察するに、当然ほかの暴力も受けていたことは明らかでした。目に見える傷だけではなく、心の傷も消えることはなかったでしょう。そんな苦痛から逃れるべく、Aさんは家を飛び出したのです。

Aさんの父親は、経営している店で愛人をパートとして雇っていたのでした。それを、妻であるAさんの母親が知ることとなり、夫婦喧嘩が絶えない状況だったそうです。

経済的には裕福だったのでしょうが、父親は愛人問題に加え、大金のかかる船を道楽とし、さらに家庭内では暴力をふるいつづけていました。それらが原因となって、母親の自殺という悲しい出来事が一家を襲ったのです。

しかし、Aさんの悲劇はこれだけでは終わりませんでした。その後、結婚したAさんは、子供ができないことに悩むようになりました。ただ、夫とともに立ち上げた事業が、当初はとても順調だったので、子供を授からないことを除けば、幸せを実感できました。

しかし、もう一つ心配事があったのです。それは年の離れた弟のことでした。3歳という物心もつかないときに母親を亡くした弟を思い、「自分が母親代わりになろう」と心に決めたAさんでしたが、その思いはなかなか弟には伝わらなかったようです。

夫と経営する事業にも誘いましたが、弟は自分の道を進みたいと断りました。そういいながら、弟の生活は、仕事も安定しない不安なものでした。そして弟は事件を起こし、逮捕されてしまったのです。Aさんは夫に頭を下げて、その対応に追われました。

弟の件が落ち着いたころ、Aさんに予想外の出来事が起こります。母方の親類で遺産相続が起こり、Aさんは、母親に入るはずだった億単位の相続金を受け取ることになったのでした。不動産も含めると相当な金額でした。

一見すると幸運な出来事ですが、またしても、このことが不幸を呼びます。大金が入ったことで、夫は仕事もせず、ギャンブルにのめり込むようになり、数千万円があっという間に消えたのです。事業も悪化し、そのころになって、やっと授かった子供も流産するという不運がAさんに降りかかったのでした。

そこに、Aさんに大金が入ったことを知った知人の男性が、落ち込んでいるAさんの力になりたいと言って近づいてきました。その言葉を信じたAさんは、なんとその男性に大金を預けてしまったのです。

夫にも心配され、自身も心配になったAさんが私のところに相談にみえました。これまでの話を伺い、私はその壮絶な話に驚かされました。そして、「因縁霊命」としての典型的な運命を、現実にAさんが歩んでいることに鳥肌が立ちました。

占いながら感じた背筋が凍りつく思いを、私は今でも忘れることができません。私は、「Aさんにとって大変なことが、これからもまだ続く」という占いの結果を話しました。そして、現実にその通りになったのです。

Aさんの受け取った大金は、さまざまな人たちを巻き込み、裏組織を取り仕切る人物にも及び、その関わりで失踪事件や殺人事件まで起こったのでした。

私は占いのさいに、悪い未来を避ける鎮霊・浄化法についても話しましたが、そのときのAさんには、なかなか受けいれていただけませんでした。Aさん自身、すごすぎる現実に、心も体も疲れ果てていたせいかもしれません。

私は、占いの結果として行なうアドバイスを、強制はしたくないと思っており、実践するのもしないのも、当たり前ですがご本人の自由だと考えています。とはいえ、Aさんのようなケースを目の当たりにすると、「もっと強く勧めたほうがよかったのではないか」という後悔も湧いてきます。そんなこともお互いにつらくなり、結局、「これ以上は相談を受けられない」とお断りしました。

ところが、数年が経ち、Aさんから突然の相談依頼がありました。お話によると、その間に弟さんの自殺未遂をはじめ、東日本震災での事務所の被害、夫との離婚と、さまざまな苦しい体験をされたとのことでした。

これまでよくぞ生きてこられたと、私は驚愕と敬服の思いを抱きました。

Aさんは、今があるのも先生のおかげと、心から感謝しているといってくれました。「これからのことも、どうしても相談にのってほしい」と懇願され、私はその思いに心打たれて、再び相談を受けることにしました。

サスペンスドラマのようなこれまでの壮絶な人生に、終止符を打てるタイミングがやってきていることを話し、これを機に鎮霊をすることを提案しました。Aさんもやっと素直に受けいれてくださいました。

まずは、Aさんの知人の紹介で、護身アイテムできちんとした印鑑を作り、それを毎日、バッグに入れて持ち歩くようにしてもらいました。また、護身色の入ったパワーストーンのブレスレットで、自分がしっくりくるものを右手に付けるように勧めました。

さらに鎮霊法も、できるだけのことを日常に取り入れ、継続してもらいました。実践してもらった鎮霊法は、唐辛子をバッグに入れて持ち歩くことや、唐辛子を自宅の各部屋と仕事場に置くこと、玄関と寝室に粗塩を供え、家では紐で結ぶエプロンを付けること、神棚に鈴を置くこと、「さしすせそ浄化法」などです（第三章参照）。

現在、Aさんは、そんな苦労をしてきたとは感じさせないくらい明るくなり、個人事業主として元気に仕事に励んでおり、仕事もたいへん順調です。

本書の原稿を書いていたら、ちょうどAさんから電話がありました。本当に明るく元気な声で、Aさんは何度もくり返し、「ありがとう」とおっしゃっていました。Aさんの言葉を聞くうちに、私の心もうれしさや喜びでいっぱいになり、お互い、いつのまにか涙声になっていました。歓喜の涙でした。

Aさんの人生が、これからもますます幸せであるよう、心から願って電話を切りました。

本章でご紹介した体験談の主人公の方々、今、お読み下さっている読者の方々、皆様の幸せを心から祈りつつ、これからもゆうれい占いの活用法と、幸せへと導く方法を、多くの方に知っていただきたいと思っています。

真湖の霊体験

参考までに、これまでの私の霊体験も簡単にご紹介します。

「生活の中で」

若いころは、とくに学校での授業中に、霊が近寄ってくるのがわかり、体に入る瞬間、すごく苦しく、呼吸が止まって意識がなくなることがよくありました。

周りからは、ただの貧血だと思われていました。

頭の上からキラキラ輝く金銀箔と一緒に言葉が降りてくる。その通りにすると非常に良いことが、願いが叶う。それも奇跡的な出来事多数。

本当にあり得ない幸運ばかりでした。これも霊のおかげです。

「占い（鑑定）をしていて」

相談者の肩のあたりに浮かび上がるものが、悩み、トラブル解決のキーポイントです。それは相談者本人も、私には言っていない、知るはずもないことだから驚かれます。

そして問題解決。それは霊のおかげでした。

憑依《ひょうい》体質（相当キツいです）のため、さまざまな霊に取りつかれてしまい、若いころ、ひどいときはタロット占いで気絶してしまう有り様で、一日一人鑑定するのがやっとでした。私自身、鎮霊法を続けているので、数十年経った今では、一日何十名占っても平気です。

「占い（鑑定）のあと」

「結婚」に関して、「なかなか結婚できない。したくても相手が……」という相談で、私の占いから合う相手とお引き合わせし、幸せな結婚をされたカップルが何組もおられます。出会って一週間で結婚を決めたカップルも多数。これも霊のおかげです。

法人様から「業績が厳しくなってきている」とのご相談も受けます。ところが、鎮霊と浄化法で、「業績が過去最高になった」という喜ばしい報告を受けるケースが多数です。やっぱり霊のおかげです。

ある離婚相談でのこと。すでに離婚を決めている奥様からのご相談でしたが、鎮霊とお浄め法で、ごく自然に離婚を思い留まりました。

なぜか夫婦円満となり、毎月、ご夫婦で仲よく旅行に行ったり、記念日にプレゼント交換したりするほどのラブラブに。こういったご夫婦は非常に多いです。

離婚も悪くはないのですが、しないで心から仲睦まじく結婚生活を続けられるならば、それにこしたことはありません。

ご先祖、子孫、そして自分達のためにも、いつもゆうれい（霊）は教え、助けてくれるのです。

おわりに

ゆうれいに苦しみ、ゆうれいで人を救う

真湖

母から聞いた話です。私が八才のときにタロット（どのようにしてカードを手に入れたかはいまだに謎）をしていて、母を呼び、カードを指差しながら、子供らしからぬすごいことを語っていたそうです。それも恐ろしいことだったらしく、母は、この娘はなんて変なことをいうのかと、怖くなってしまったようです。

その少しあと、両親は仕事の都合で、別々の車を前後に並んで運転していました。信号待ちで止まっていたところ、後ろからノーブレーキの車に追突され、最後尾の母の車は大破。その前の父の車も大変な壊れ方でした。

母は意識不明の重体となり、父もひどいケガをしました。両親が入院してしまい、しばらくは私と弟との二人の生活でした。母は助からないかもといわれていましたが、奇跡的に息を吹き返してくれました。タロットで出た恐ろしいこととは、まさにその事故だったのです。

それからというもの、私の霊体質に拍車がかかっていきました。

霊体質は、生活に支障をきたすことが多々あります。霊が見えたり、感じたりすることは楽ではなく、むしろ苦痛です。それもきちんとした修行をしたわけではないので、とても厄介でした。

母に連れられて行った病院で、いわれる病名は全て自律神経失調症でした。針治療や様々な民間療法も受けました。学生時代の思い出といえば、母との病院通いがまず頭に浮かぶほどです。

社会人になって間もなく、有名な占い師から、「出産するとそういった能力が薄まる」と聞き、結婚願望はそれほどなかったのですが、霊体質が薄まるのならと結婚しました。そして2人の子供を出産。これで能力が薄まったと安心していましたが、子供の成長とともに、だんだん霊が見えるようになってしまいました。

占い師になるつもりはありませんでした。そのような力を出すことも、感じることも怖くて、嫌だったのです。しかし、苦しんでいる人や悩んでいる人から、なぜか相談されるようになり、お答えしているうちに、「まるで占い師のようだ」「占いを仕事にすればいいのでは」などといわれるようになりました。

実は、私の睡眠時間は異常に少なく、ひどいときは一週間で30分しか眠れないときもありました。若いころ、そのあまりの苦しさから自殺未遂をしてしまいました。大量の薬を飲んで、スーッと意識が遠のいていくなか、心臓の鼓動がドクッ、ドクッと何かを訴えるように強くなってゆき、「ああ、このまま終わっていくのかなあ」と涙が流れてきました。

妙に気持ちが楽になってゆくような、フワーッとした感覚。「向こうへ行くのか行かないのか……。どうなんだろう」と思っているうち、向こうへ行く勇気がなかったのか、意識が戻ったようです。そこは現世でした。きっと私の霊があの世まで連れていってくれなかったのでしょう。でも、それでよかったと、今は心から思います。

相談も次々とくるので、結局、逃げても逃げても引き戻される運命に、私も従わざるを得なくなりました。そして霊に宣言したのです。

「わかりました。私は占い師としてやっていきます」と。

ゆうれい（霊）に苦しめられ続けた私は、ゆうれい（霊）で人を救うことになったのです。

ここには語りきれないほど、壮絶な私自身の霊体験があります。皆様のなかにも、人には語りきれない、言葉にもできない体験をお持ちの方もいらっしゃると思います。機会があれば、ぜひ語り合いたいと思います。

霊に苦しみ、霊に救われた私が、確信できたこと。それは、辛い思いがこれ以上ないくらいに募ったときほど、その上に「自分で何かをプラス」すれば、事態は思いがけないほど大きく転換するということです。

「辛」の字にプラス（＋）を乗せれば、「幸」という字になります。まさにそんな転換を経て、今は人様のお役に立てる幸せをかみしめています。

今、辛さの中で苦しんでいる人が、そんな転換を遂げるために、本書が少しでも役立てばと心から願っています。

2018年10月

真　湖

事故物件で知ったゆうれいの存在
本書もゆうれいのサポートで誕生

寺井　広樹

大学四回生のとき、京都に三カ月だけ下宿したことがあります。事故物件でした。

三回生のときに同志社大学から早稲田大学に国内留学をした私は、四回生になったあとも千葉に住んだまま、京都の大学に毎週末、夜行バスで通学する生活を送っていました。

ところが、卒業を三ヵ月後に控えて、わずかに単位が足りないことが判明。本腰を入れてその単位を取得するため、私は京都に住むことにし、同志社大学の近く（今出川）で物件を探しました。

卒業を目前にした大学四回生の最後の三カ月だけですので、寝泊まりできればどこでもよいと考え、家賃一万円台の安いところを探しましたが、そう甘くはありません。隙間風が吹きすさぶベニヤ板の古びた建物だったり、配管が古くてトイレが使用できないちょっとした倉庫だったり……。

諦めかけたときに不動産屋さんから紹介されたのが、近隣の女子大生が最近亡くなったという事故物件でした。聞けば、首を吊って亡くなったというのです。私は、「殺人だったら恐ろしいけれど、自殺だったらまだましだ」と考えました。

事故物件でなければ、家賃は七万円ぐらいするそうです。事故物件は、そのあと誰かが住んだら、事故物件として報告しなくて済むようになるそうで、お互いにウインウインだと割り切って住むことにしました。

「いずれみんな死ぬんだし、そう怖いこともないだろう」と軽く考えて即決しました。

ところが住み始めてみると、霊感などまったくなかった私の身に、さまざまなことが起こり始めました。寝るときに金縛りにあったり、風呂でシャワーをしていると、排水溝の蓋になぜか長い髪の毛があったり……（当時から私は坊主頭でしたし、長髪の誰かを連れてきたわけでもなく、長い髪の毛が落ちているのはどう考えても変でした）。

ほかにも、近くのお寺の鐘の音が真夜中の妙な時間に聞こえてきたり、突然、部屋の中で変な物音がしたりと、薄気味わるい出来事が次々と起こりました。家に遊びに来た霊感の強い知人が、「この部屋はヤバい！」といって帰ってしまったこともあるほどです。

気になって管理人さんに、前に住んでいた女性について訊ねると、「とてもいい子やったよ。成仏できていないのかもしれない。かわいそうに。親よりも先に死ぬなんて……」と言って涙を浮かべていました。そして、私の部屋に色鮮やかな花を飾りに来られました。

それからは、変なことが起きても、不思議と気にならなくなってきました。不気味に感じるよりも、「霊が何かを語りたがっているのだろう」と耳を傾けるようになったのです（だからといって、霊の言葉が聞こえることはありませんでしたが）。

さらには、こういった不思議な現象を人に話すことによって、「亡くなった人の供養にもなるのでは？」と考えるようになりました。

「ゆうれい占い」を始めて以来、お客様から「幽霊に対するイメージが変わりました」「自分で占いを実践できるようにしたい」とリクエストをいただく機会が増えました。そこで、真湖先生と話し合って、書籍化することにしました。

これまでお付き合いのある出版社さんがいくつかありますので、どの出版社さんに持ち込むべきかも「ゆうれい占い」で決めたいと考えました。

そして、真湖先生に占っていただこうとしたとき、突然、真湖先生のハート型のイヤリングが私のところに勢いよく飛んできました。イヤリングに触れていないのに、いきなりで驚きました。これはきっと「ハート出版さん」に持ち込めとゆうれいが教えてくれたのだと思い、その場でハート出版さんにすぐお電話をしました。

ハート出版さんとは、まだそのとき、面識がなかったのですが『あの世の歩き方』（辛酸なめ子先生と共著、マキノ出版）という著書でインタビューさせていただいたスピリチュアル界隈の先生方のご著書を拝読していて、ハート出版さんのお名前を知っていました。

今、無事に本書が刊行できる運びとなり、あのときにハート型のイヤリングがもたらしたお告げは、やはり正しかったと感じています。改めて、それを教えてくれたゆうれいに、感謝したいと思います。

最後になりますが、出版にあたってご尽力いただいたハート出版編集部の佐々木照美さん、代表取締役でデザイナーの日高裕基さん、イラストを手掛けていただいた重元ふみさん、編集協力いただいた松崎千佐登さんには、この場をお借りしてお礼を申し上げます。

２０１８年10月

寺井　広樹

【基本霊数表 3】1957(S32)年 ～ 1926(S1)年生まれ

月 Month / 西暦(年号)Year	1 Jan	2 Feb	3 Mar	4 Apr	5 May	6 Jun	7 Jul	8 Aug	9 Sep	10 Oct	11 Nov	12 Dec
1957 (S32)年	9	40	8	39	9	40	10	41	12	42	13	43
1956 (S31)年 *	3	34	3	34	4	35	5	36	7	37	8	38
1955 (S30)年	58	29	57	28	58	29	59	30	1	31	2	32
1954 (S29)年	53	24	52	23	53	24	54	25	56	26	57	27
1953 (S28)年	48	19	47	18	48	19	49	20	51	21	52	22
1952 (S27)年 *	42	13	42	13	43	14	44	15	46	16	47	17
1951 (S26)年	37	8	36	7	37	8	38	9	40	10	41	11
1950 (S25)年	32	3	31	2	32	3	33	4	35	5	36	6
1949 (S24)年	27	58	26	57	27	58	28	59	30	0	31	1
1948 (S23)年 *	21	52	21	52	22	53	23	54	25	55	26	56
1947 (S22)年	16	47	15	46	16	47	17	48	19	49	20	50
1946 (S21)年	11	42	10	41	11	42	12	43	14	44	15	45
1945 (S20)年	6	37	5	36	6	37	7	38	9	39	10	40
1944 (S19)年 *	0	31	0	31	1	32	2	33	4	34	5	35
1943 (S18)年	55	26	54	25	55	26	56	27	58	28	59	29
1942 (S17)年	50	21	49	20	50	21	51	22	53	23	54	24
1941 (S16)年	45	16	44	15	45	16	46	17	48	18	49	19
1940 (S15)年 *	39	10	39	10	40	11	41	12	43	13	44	14
1939 (S14)年	34	5	33	4	34	5	35	6	37	7	38	8
1938 (S13)年	29	0	28	59	29	0	30	1	32	2	33	3
1937 (S12)年	24	55	23	54	24	55	25	56	27	57	28	58
1936 (S11)年 *	18	49	18	49	19	50	20	51	22	52	23	53
1935 (S10)年	13	44	12	43	13	44	14	45	16	46	17	47
1934 (S9)年	8	39	7	38	8	39	9	40	11	41	12	42
1933 (S8)年	3	34	2	33	3	34	4	35	6	36	7	37
1932 (S7)年 *	57	28	57	28	58	29	59	30	1	31	2	32
1931 (S6)年	52	23	51	22	52	23	53	24	55	25	56	26
1930 (S5)年	47	18	46	17	47	18	48	19	50	20	51	21
1929 (S4)年	42	13	41	12	42	13	43	14	45	15	46	16
1928 (S3)年 *	36	7	36	7	37	8	38	9	40	10	41	11
1927 (S2)年	31	2	30	1	31	2	32	3	34	4	35	5
1926 (S1)年	26	57	25	56	26	57	27	58	29	59	30	0

*＝うるう年

真湖　まこ

タロット占術師。
台湾生まれ。8歳でタロット占いを始める。
10代から西洋・東洋の様々な占術を学ぶ。
法人や個人事業主、個人鑑定を40年以上経験し、
自らの数々の霊体験をもとに『ゆうれい占い』を考案。
現在は東京、静岡を中心に対面鑑定・相談を行なっている。

寺井 広樹　てらい ひろき

オカルト研究家。
怪談の蒐集や超常現象の研究をライフワークとしている。
『辛酸なめ子と寺井広樹の「あの世の歩き方」』（マキノ出版）、
『日本懐かしオカルト大全』（辰巳出版）、『あの世を味方に
つける超最強の生き方』（ヒカルランド）、『日野日出志　泣
ける！怪奇漫画集』（イカロス出版）など著書多数。
銚子電鉄、神戸電鉄の「お化け屋敷電車」をプロデュース。

編集協力：松崎 千佐登
　　　　　羽田 司

イラスト：重元 ふみ

著者近影（寺井）：高澤 梨緒

ゆうれい占い

2018年11月15日　第1刷発行

著　者　真湖/寺井広樹
発行者　日髙裕明
発行所　ハート出版
〒171-0014 東京都豊島区池袋3-9-23
TEL03-3590-6077　FAX03-3590-6078

ISBN978-4-8024-0059-6　C0011

印刷・製本/中央精版印刷　編集担当/日髙　佐々木